客户谈判成功的秘诀

——谈判高手的100+1个技巧

王贵琦　编著

企业管理出版社
ENTERPRISE MANAGEMENT PUBLISHING HOUSE

图书在版编目（CIP）数据

客户谈判成功的秘诀 / 王贵琦编著. — 北京 : 企业管理出版社, 2017.10
ISBN 978-7-5164-1591-7

Ⅰ. ①客… Ⅱ. ①王… Ⅲ. ①贸易谈判
Ⅳ. ①F715.4

中国版本图书馆CIP数据核字（2017）第241815号

书　　名：客户谈判成功的秘诀——谈判高手的100+1个技巧
作　　者：王贵琦
责任编辑：聂无逸
书　　号：ISBN 978-7-5164-1591-7
出版发行：企业管理出版社
地　　址：北京市海淀区紫竹院南路17号　　邮编：100048
网　　址：http://www.emph.cn
电　　话：发行部（010）68701816　编辑部（010）68701891
电子信箱：niewuyi88@sina.com
印　　刷：北京宝昌彩色印刷有限公司
经　　销：新华书店
规　　格：710毫米×1000毫米　16开本　13印张　162千字
版　　次：2017年11月第1版　2017年11月第1次印刷
定　　价：45.00元

前言

掌握与客户谈判的“明法”“取势”“优术”之道

生意场是一个巨大的谈判桌！商家要求得自身的生存和发展，就必须同形形色色的客户谈判：需要采购原材料或成品，就得同供应商谈判；需要推销产品，就得同用户或消费者谈判；需要扩大产品知名度，提高企业的声誉，就得同广告公司谈判；需要引进投资，需要引进技术，都得通过谈判；需要招聘人才，就得到人才市场上去谈判；需要筹措资金，就得同银行等金融机构谈判；即便是生产往来中出现了问题，向对方提出索赔，也必须通过谈判解决。精明的商家首先必须是一个出色的谈判者！商场之上，风起云涌，商战轰轰烈烈。欲在竞争激烈的商场上开辟并拓展一块立足之地，商家不能不重视与大大小小各类客户的谈判工作。

既然现实世界充斥着形形色色的谈判，不管愿意与否，你随时都可能成为一个参加者。从农贸市场的讨价还价到各类商场企业的采购买卖，从引进原材料时的货比三家到推广新产品时的口吐莲花，无不需要谈判者高超的技巧。那么，当谈判者面对各种各样的客户时，如何才能做到成竹在胸、因势利导、处变不惊、稳操胜券呢？

中国古代思想家韩非子提出了“法、术、势”三位一体理论，至今仍然有一定的指导作用。要想掌握谈判的主动权，在与客户探讨时做到游刃有余，也需要谈判者做到“明法”“取势”“优术”。“法”即规律，“明法”就是要求谈判者把握从谈判的准备工作、礼仪举止到谈判时各种禁忌等与客户谈判时需要遵守的“游戏规则”，由“业余选手”转变为“职业运动员”；“势”就是主动权，“取势”就是谈判者如何掌控谈判进程、把握与客户谈判的主导权，学会察势、顺势、造势，使谈判沿着自己希望的方向发展；“术”即招数，就是要使谈判者学会谈判场上的各种奇正之道、攻心之术，灵活加以运用，做到兵来将挡，水来土掩，见招拆招，无往不胜。本书所列举的 101 个技巧，紧密围绕这三个主题，其目的即是帮助谈判者迅速掌握与客户谈判的各种规律、方法与技巧，实现天时地利人和的统一和“法”“术”“势”的结合。

本书将与客户谈判的 101 个实用技巧按其性质分为 10 类，除第一章谈判准备部分包含 11 个具体技巧之外，其他每个大类均由 10 个具体技巧组成。这样的章节安排是想向读者传达这样一种理念：任何技巧都必须建立在认真的准备之上，用心地对待你的客户和谈判工作本身，是一切技巧得以运用的基础。

国内关于谈判的各种理论性或案例类著作已经比较丰富，本书的目的并不在于为读者提供关于谈判的新的高深理论或大而化之的谈判故事，而是希望能够较为系统地总结在生意场上与客户谈判中具有可操作性且能够为读者迅速掌握的实用技巧，为您提供一份具有操作说明书性质的速查手册——对某种机器缺乏系统了解的人而言，阅读使用说明书往往是学习机器操作的最佳捷径；即便你已经通过无师自通的摸索，对机器比较熟悉了，通过仔细阅读说明书，可能还会发现机器的新功能或新的操作方法。因而，本书力求做到使每一条技巧达到清晰、简明、实用、易学四个特征。在如同战场一样竞争激烈、变幻莫测的生意场上，本书所提供的 101 个实用谈判技巧，必将成为你拓展客户、顺利营销、拓展生意的利器。

“君子藏器于身，待时而动。”无论你已经在生意场上小有成就，还是正磨刀霍霍地准备开辟新的商业领地，或是初登甚至未登与客户谈判舞台的新手，相信本书都将是一本对提高你的职业素养大有裨益的实用著作。

编　者

2017 年 7 月

目录

第一编　明法篇

第二编　取势篇

第一编

明 法 篇

“法”即规律，“明法”就是要求谈判者把握从谈判的准备工作、礼仪举止到谈判时各种禁忌等与客户谈判时需要遵守的“游戏规则”，由“业余选手”转变为“职业运动员”。“明法”是“取势”与“用术”的基础。学习本部分三章内容，是成为一名出色谈判者的必修功课。

第一章

台上表现与台下功夫：与客户谈判的准备技巧

“台上一分钟，台下十年功。”这句俗语用在与客户谈判上同样适用。成功的谈判往往并不是依靠伶牙俐齿的即兴发挥，而在很大程度上依赖谈判前充足的准备。充分的准备是谈判顺利进展的基础，能给你以胜利的信心。如果准备充分，你就能在有利的位置面向顾客。用各种论据和背景材料武装起来的你，就能克服底气不足的弱点。

1. 赢得谈判的秘籍：准备、再准备

哈佛大学威廉姆·尤瑞博士指出：“多数谈判在会谈开始前，就已经决出胜负了，而这完全取决于事前准备的质量好坏。”

很多情况下，谈判在会谈开始前，就已经胜负鲜明了，而事前准备的质量好坏往往起着一锤定音的作用。

那些认为不需要事先准备就可以临场发挥的人，往往会伤心地看到自己确实是大错特错了。他们即使达成了协议，往往也是错失良机，无法实现共赢。而他们要是进行了充分的事前准备，就很有可能水到渠成地促成

共赢。这种高效的事前准备，并无其他捷径可以替代，一般来说，谈判越是艰巨，准备就越要充分。

高效谈判的秘密就是如此简单：准备，准备，再准备!

在准备谈判的过程中，有 5 个因素至关重要：双方利益、可行方案、规则标准、替代方案、协议草案。

（1）双方利益。

明确自己的利益。除非对自己希望实现的目标非常清楚，否则，就很难达到自己的目标。把自身需要的利益进行优先排序，分清各项利益的轻重缓急非常重要。这样，你就不会犯一些常见的低级错误，以至于为了次要利益而放弃重要利益。

明确客户的利益。谈判其实是相互的，就像一个双向轨道。设身处地为对方考虑的能力，是谈判中最重要的技能。要改变他人的思维，改变他人的观点，就需要首先理解他人的观点。可以试一试从对方的观点出发，了解一下客户最关心的是什么。

（2）可行方案。

谈判者唯一的机会是找到那些能够实现共赢的选择方案。高效的谈判人员不仅善于合理分配利益大小既定的蛋糕，而且还会首先研究如何来做大这块蛋糕。

谈判中常见的一个错误是死守一个方案，对自己最初的立场不做丝毫改变。其实，打开思路，充分考虑各种各样的选择方案，就能想到许多新的可行方案，或许其中某个方案就能够在满足对方利益的同时，也恰好实现了自身的利益。

（3）规则标准。

蛋糕做大了，接下来，就需要考虑如何对蛋糕进行分配。当分配方案有悖于自己的利益时，应该怎样与对方合作，共同选出恰当的可行方案呢?

成功的谈判人员会把方案的选择变成一种双方共同寻求公平方案的活动，他们会更多地倚重独立于双方意志的公平标准来规范各自的行为。因此，谈判要事先充分考虑自己乐于接受的谈判标准，对市场价格、科学的评判标准、费用分析、技术指标以及惯例等要尽可能予以熟悉。

（4）替代方案。

人们谈判时，总是希望能够按照预期设想达成协议，往往只是在事情进展不顺利时才会想到自己的替代方案。这无疑是个典型的错误，事先明确自己的替代方案，就能有备无患，在谈判遇到困难时处变不惊。

（5）协议草案。

要形成有效的协议草案，最好选择一个能够满足自身利益的可行方案，并且要确保这一方案明显优于自己的最佳替代方案。这一方案同时也应该能够满足对方利益，并且一定要优于你所判定的对方的最佳替代方案。

在正式谈判准备阶段，谈判人员还可以对谈判进行模拟演习。演习中，可以把你想陈述的内容演习模拟一下，设想如何回应对方提出的方案与建议。可以先请朋友或同事扮演谈判的另一方，然后尽力来说服他。谈判时，要充分考虑双方谈判关注的利益、可供选择的谈判方案和谈判的评价标准等相关内容。演习完毕，请朋友或同事指出你刚才所做的陈述的优缺点。了解一下他们在听到你的陈述后会有什么感受，你应该在哪些方面做出改进。随后，再演习一次，直到得心应手、效果显著。

2.“广交天下客”——寻找谈判对手

谈判对象的存在是谈判进行的前提，在能力所及的条件下，目标客户越多，对你越有利，此时“韩信将兵，多多益善”。

寻找新客户需要各种手段，可以突然造访，口中言道“多个朋友多条路”；现代社会中，电信发达，消息灵通，你可以用电话联系，可以从报纸、杂志中找出适当的人，利用同学录、电话等充分寻觅；可以通过各种团体如商会等，在餐厅、香烟摊等购物时，也不要错过寻找的机会；此外，在信息化时代，网络已经成为发掘潜在客户的重要渠道，如果你善于运用“Google”“百度”，善于在各种论坛或贴吧中迅速找到对你有价值的信息资源，你可能会在扩展你的目标客户方面取得意想不到的收获。

当然，在开拓目标客户时，还要特别重视利用各种关系网络，使之成为你“广交天下客”的“媒人”。近年来，大众对各种不邀请而至的销售人员普遍存在警惕甚至逆反心理，通过关系网络和“媒人”的介绍，你被客户接纳的概率就越高。与“媒人”的关系越密切，可信度便越高，成功的可能性便越大。因此，“媒人”的作用不可轻视，他们可能要你开拓一片广阔的战场。

按成功的可能性大小，“媒人”的介绍有多种：

（1）同行的介绍，这是最为热情的，介绍人陪同你到访问处，亲自见面；

（2）利用餐会、聚会，介绍人将双方邀来介绍认识；

（3）电话介绍、介绍人通过电话告诉对方；

（4）介绍信或名片介绍，对方会不看僧面看佛面，但是名片介绍不如介绍信正式。

现在，你已经找到了商谈的众多对手，你的唇枪舌剑已有了用武之地，你语言的技巧便有了发挥的目标。

3.判断谁是你真正的客户

为了拓展你的生意，通过各种渠道与可能的客户交往是必不可少的。

然而，你同时应该明白，并不是你的每一个交往对象都会成为你真正的客户。在你交往的目标人群中，可以分为“非客户”“潜在的客户”和“真正的客户”三种。第一种人群并不是你生意场上的目标对象，第二种人群可以成为挖掘和培养的目标，第三种人群则是现在你需要通过成功谈判做成生意的真正上帝。

英国、美国等英美法系国家和法国、德国等大陆法系国家都奉行“无罪推定原则”，即在刑事案件中，法官首先假设犯罪嫌疑人是无罪的，检察机关必须拿出证据证明其有罪，否则就是无罪。这个原则应用到现实贸易上来也是非常实用的，也非常有必要。因为每条信息，每个电话，每个传真，每封 E-mail，每次询价都蕴含着商机，如果总是怀疑对方是骗子，随随便便地应付人家，那么就会“泼了脏水丢了孩子”，从而失去了商机，同时也会在一定程度上影响公司声誉，损害公司形象。

赢得真正的客户，会引来不少凑热闹者。那么，如何判断真正的客户呢？要获得真正的客户，你得有效地过滤掉那些不是真正客户的“客户”。我们不求多少订单，我们追求真正有意义的订单。为此，谈判之前，你还必须练就判别真正客户的慧眼，掌握“望、闻、问、切”的功夫。

望。望者，看形色也。望，顾名思义就是观察、思考。在寻找客户的过程中“望”十分重要。比如看一条供求信息，我们不仅要关注这条信息的真实度如何（如信息的合法性、时效性、可靠性等），还要仔细分析对方信息和基本联系方式的真实情况，通信地址和住所是否相吻合等；在与潜在客户见面时，要留心观察其个人的各种信息。

闻。闻者，听声音也。主要是在与对方的交流当中，通过聆听对方的叙述，从中掌握对方对你的产品和服务的兴趣和了解程度、其个人基本情况等。在接听潜在客户的电话询价时，我们应该仔细倾听他们的询价情况，尽可能多地了解对方对产品的需求情况和价格要求。

问。问者，访病情也。如果有些要素对方在叙述中没有涉及，我们可以通过提问的方式向对方询问。如果是对方要你的产品，一般来说，我们要问清对方的要素是：（1）对方对产品款式型号的需求；（2）产品价格需求；（3）产品的数量；（4）对产品配套配件的了解程度；（5）对方产品的去向等。

切。切者，诊六脉也。也就是通过望、闻、问等阶段的工作，基本了解了信息提供者的相关信息。通过这些信息，你可以据此进行分析、评估，有可能的话，建立客户档案，准确无误地对商机进行综合判断，去伪存真，筛选出有用信息，判断对方是否可能成为潜在的客户，是否值得花费精力与其谈判。

4. 学会与客户预约

预约是与客户谈判的前哨战。通过预约，可以了解客户的基本情况。一个出色的谈判者，在每一个细节上都不会懈怠的，这便是所谓“行家伸伸手，便知有没有”。进行商谈，必须有进行面谈的机会，因为突然造访他人，会令别人不便。商场人士每天都有忙不完的事情，如果想让对方专心在某个时间内同自己商谈，就必须预约。

预约可以有多种方法。

（1）访问法。可以直接前去，要对方或该公司的接待人员约好面谈的时间、地点。这种方法的不足是如果发生被拒绝的情况，会很不愉快。

（2）介绍法。通过“红娘”引见，这是很有效果的，因为对方一般会给“红娘”一个面子，即使是拒绝，也会给你一个台阶下。

（3）引导法。由自己的领导发出信函，使你的预约有一个更高的

“层次”。

（4）自荐法。自己写信去约定，但效果较差。

（5）电话预约。这样，当面不易开口的话也可以畅所欲言。虽然对方正忙得不可开交，也可以有直接交谈的机会，还能节约时间。但是，两人的交流要通过长长的电话线，只闻其声不见其人，终究会有些不舒服，并且不能对对方察颜观色。

正因为电话预约的唯一武器是声音，那么说话就需要特别注意技巧。原则有四个字：“明白、客气”。同是一次电话预约，说话方式不同，效果大异。

第一种：“是王先生吗？我是书法协会的 ×××，打扰您片刻。我听赵先生说，您有高深的书法造诣，我想和您见个面，耽搁您 15 分钟，解释一下敝会新出版的书法书，不知您是否能拨出一点时间呢？”这么一说，对方听得清楚明白，又会深感你的诚意，当然会很高兴同你合作。

第二种：“是王先生吗？我是书法协会的 ×××，我想和您见个面，不知道您明天有没有空。”这一番话，仿佛给人家下了行政命令。一句“明天有没有空”，便是要给人家规定时间，自然会让人感到不快，预约的成功系数就不很大了。学会预约便有了胜战的第一步，更会使你的心中增添一分自信。

5. 确定谈判时间与地点

（1）谈判时间。

在与客户谈判中，“天时”是被很多人忽视，但却可能对谈判产生较大影响的因素之一。预约的谈判时间一旦确定，就必须遵守，在约定的时间内到达，是商场必须遵守的原则。因而，在征求客户意见基础上确定好谈判时间，是谈判之前的一项重要工作。

预约时，要避免以下的不宜时间。首先是会议前后，午餐前后，出差前后。会议前或出差前，人们急于养精蓄锐。午餐前人们往往饥肠辘辘。会议后或出差结束，人们都想解除一下全身的疲劳。午餐后，人们更是想享受一下饱餐之后的乐趣。你在这些时间去同他商谈，结果可想而知。

其次是星期天或法定假日。商场中的人，整日忙碌，在不可多得的假日里，都想享受一下天伦之乐，在此时打扰，会让人觉得不解人意。

另外，不要选择搭乘火车、飞机前。在这时，人们要考虑一些必备的用品，在做一下登车、登机前的计划，更重要的是，要及时赶上火车、飞机，时间必然很关键。此时商谈，无异于乱中添乱，忙中增忙，自不会有很好的效果，从而丧失一次机会。

如果因为不知道对方的情况而选择了这些不利的时间，一定要向对方道歉，说一句“对不起，不知道您这样的计划，如果太忙，我们改日再谈”。对方即使再忙也不好再拒绝，也会和你有一番愉快的商谈。

（2）谈判地点。

在与客户谈判中，存在对方登门和自己主动拜访客户两种方式，后一种方式在营销中更为常见，其地点的选择需要征求客户的意见。

恰当商谈的场所可以设在许多地方，而在不同的地方，心理上都要有相应的准备，不能做出不适当的表现。尽管“战场”可能有许多，但要恰当，也有一定的技巧。选择对方较好说话的场所，也就是令对方最轻松的场所，所以，对方挑选的应该优先选择。如果对方请你选择，就要看你“相面”的能力了，你可以观测他的性格来确定。选在对方的接待室，这时你便有许多需要注意的问题，如应坐在靠近入口处等候，对接待人员表示好感，在对方到达以前，不要吸烟、喝茶。面谈时，不要同对方正面相对，可以坐在对方左边或右边的位子上。选在对方的家中商谈，气氛一般会比较和谐。到其家中时，要注意对其妻小也要有礼貌。对方让你坐在哪里，你就坐在哪里。对方没到时，不要吸烟、喝茶。选在公司外，如高尔夫球场、餐厅、咖啡屋等，四周要没有喧闹，并且应该分清宴会与商谈的差别，气氛应有商谈的意味，否则会给人以不庄重的感觉。喝酒时，更不可硬邀对方共饮。

6. 谈判前的心理准备

商场上谈判就是一场战争。一场战争，受士气影响极大。士气甚至决定了整场战争的胜负，正所谓“天时不如地利，地利不如人和”。谈判亦如此。

与客户谈判开始前必须保持良好的心境，要有充分的心理准备。战争的胜负往往只是在最初的五分钟之内就决出的，而一天的情绪则受早上起床时心情的影响。心情不好，“士气”自然低落，商谈也就危险了。因此，必须在一天刚刚开始的早上就要努力调整自己的心情。

首先应该注意保持心情愉快，早上刚起床，你也许正好遇到刮风下雨的坏天气，心里也许会想：“真倒霉，怎么偏偏今天下雨（刮风）呢？谈判大概会不顺利。”或者“今天谈判说不定会失败”，进而还会产生懈怠心理：“干吗一定要今天谈呢？改日也没关系嘛。”这些情绪，只能对谈判起反面作用，而不会有丝毫积极的影响，应当坚决克服。凡事都往好的一面着想，如：“下雨算不了什么，重要的是我今天一定要去拜访他！”“今天一定要谈成功！”由此可得出第二点应当注意的，即对商谈充满自信和骄傲。

若使自己充满自信，不妨多想想以前成功的谈判，客户对你的赞美与感谢，自己受到嘉奖时的荣耀，等等。心中浮现出这些情景，你就会信心百倍。

在商谈之前一定要有“我会带给他利益”的骄傲——所谓战略上蔑视，而战术上重视。同时，要使自己充满自信与骄傲，坚定的意志则是必不可少的。

充满意志力的人，商场上定会生龙活虎，令对手折服。一定要有必胜的强烈意志力。一个人，如果连说服自己的意志力都没有，又如何去说服对方呢？

7.给顾客一个好的“包装”

俗语说：“人要衣装，佛要金装”。一座佛像若无金碧辉煌的装饰，大概是不会有人膜拜的。如果你要让对方了解你仅仅通过语言是不够的，还必须有好的包装。试想如果你哭丧着脸、衣冠不整，即使你说得天花乱坠，有谁会相信你是一个资信良好、极具实力的大公司的谈判代表呢？试想，如果到对方的住地谈判，你每天坐着公共汽车去谈判地点并且住在廉价的个体旅馆里，有谁会认为你有实力，又有谁会愿意与你合作呢？在与客户谈判开始前，谈判者应当注意以下几方面。

（1）穿着要得体。

一般谈判人员很少穿公司制服去拜访客户。但客户来访，必须穿制服接待。不论制服也好，便服也好，总之，应该整洁大方，不能邋邋遢遢，不修边幅。必须注意衬衫的领子、袖口是否干净。穿着领子、袖口黑乎乎的衬衫接待客人，是不会让人产生好感的。裤子是否挺直也很重要。

试想一个人上身穿着笔挺的西装，下身却着一条像香肠一样皱巴巴的裤子，会给人什么印象？鞋子也应千万注意保持光亮。尤其雨天最好在公文包中准备一小包面纸或一支鞋刷，以防万一。袜子也不可不小心，有人穿着松松垮垮的袜子，都落到脚跟上了，实在是不雅观。但有时，尤其夏天，一天必须拜访好几位客户，跑好几个地方，弄得汗流浃背，狼狈不堪，衣服的整洁就不大容易保持了，这时就需要准备替换的衬衫和裤子。

（2）注意个人卫生。

除服装必须整洁外，还应注意自身的清洁。经常洗浴，讲究卫生。头发一定要整齐，不要披头散发或满头油光与人交谈。肩头上布满头皮屑也叫人不敢领教。此外，奇形怪状的发式也令人反感。手的卫生也不能不提：有人五指尖尖，指甲寸把长，指甲缝里满是泥垢，实在让人恶心，更不必说与其谈判。指甲应经常修剪，指甲缝要注意清理。手帕看似不算什么，但也影响到他人对你的印象，应当每天换洗。

发式方面，男士要常修剪头发，保持整洁。发式梳理整齐，给人以干练、庄重之感。女士的发式不可怪诞。对女士来说，淡妆能增加女性美。反之，浓妆或过多的首饰，则给人以庸俗之感。最后，注意服装与鞋袜、皮包、帽子的统一。

（3）勿忘必需品。

有些参加谈判的业务人员去拜访客户，寒暄之后要入正题时才发现遗忘了文件、样品等重要物品，回去取已来不及，从而失去了对方的信赖。所以，离开公司或家门之前，一定要慎重检查一下东西是否齐全了。当然，业务不同，商谈内容也有差异，必带物品也有很大出入，以下仅供参考。必备品主要有：手帕、手表、钱包、钢笔、名片、眼镜、笔记本、钥匙、打火机、工作证、驾驶执照等必要证件。

公文包中物品。业务员的公文包中，必须放一些业务必需的物品，如：样品、文件、介绍信、产品说明书、价目表、发票及收据、计算器、印章、印泥、小包卫生纸、零钱及给对方的赠品等。

（4）让你的装备介绍你的实力。

这里的装备是指汽车、手提电话等象征着财富与实力的各种工具。虽然俗话说“人不可貌相”，但实际生活中，许多人都在以貌取人，而在谈判桌上有时也真是“以车取人”“以手机取人”，通过这些装备来判断你的实力。因此，有些谈判者为了出席会议，千方百计地借车、借电话也就不足为奇了，甚至可以认为是聪明之举。过去笔者认识一些非常聪明的创业者，他们宁可先买奥迪也不先买房，并不是他们不懂买房升值的道理，而是一切支出均服从于创业的需要。记住，可别让你的装备告诉你的对手你实力不济。

8. 谈判前不可不知道的 22 条人性法则

“要想钓鱼，要先知道鱼吃什么”。在与客户谈判之前，我们首先应该认识到我们的客户首先是作为一个社会中的人而存在的，他必然和其他人一样，存在卡耐基所说的“人性的弱点”。认识以下一些与谈判相关的基本人性，熟记它们，在谈判之前温习它们，并经常在谈判中避免或反向利用之，会给我们的谈判带来长久而深远的益处。

※ 人性的弱点之一：喜欢责怪、抱怨他人

反之：不要批评、责怪或抱怨他人

※ 人性的弱点之二：不喜欢赞赏他人

反之：真诚地赞赏他人

※ 人性的弱点之三：不考虑他人的需求

反之：首先想到他人的需求

※ 人性的弱点之四：充满恶意地批评他人

反之：不言他人之非

※ 人性的弱点之五：不会关心他人

反之：真诚地关心别人

※ 人性的弱点之六：对他人缺少微笑

反之：保持微笑

※ 人性的弱点之七：忘记他人的名字

反之：记住他人的姓名，它是语言当中最甜蜜、最重要的声音

※ 人性的弱点之八：不喜欢听人讲话

反之：做一个善于聆听的人，鼓励别人谈论他们自己

※ 人性的弱点之九：毫不考虑他人的兴趣

反之：谈论别人感兴趣的话题

※ 人性的弱点之十：忘记他人的重要性

反之：让他人感到自己重要——而且要真诚而为

※ 人性的弱点之十一：喜欢与人争论

反之：避免辩论，争论下去是没有输赢的

※ 人性的弱点之十二：不尊重他人的意见

反之：对别人的意见表示尊重，不管是对是错

※ 人性的弱点之十三：不敢承认自己的错误

反之：如果你错了，迅速而真诚地承认并及时改正

※ 人性的弱点之十四：对他人缺乏友善

反之：以友善的方式开始，并不是全世界都是你的敌人

※ 人性的弱点之十五：不让他人说话

反之：让对方多说话

※ 人性的弱点之十六：将自己的意见强加于人

反之：让别人觉得那是他们的主意

※ 人性的弱点之十七：不从他人的角度考虑问题

反之：真诚地尽力从对方的角度看事情

※ 人性的弱点之十八：不理解他人的意愿

反之：理解对方的意念及欲望

※ 人性的弱点之十九：赤裸地表达自己的意图

反之：学会把你的意图巧妙表达出来

※ 人性的弱点之二十：直接批评他人

反之：间接指出他人的错误

※ 人性的弱点之二十一：不给他人面子

反之：保全他人的面子

9. 收集与客户有关的信息

中国有句古话：“知己知彼，百战不殆。”在谈判开始之前，我们应该注意客户信息资料的收集、整理，并予以充分运用。客户资料可以分成四大类：背景资料、采购项目资料、竞争资料和个人资料。收集资料时应该尽可能做到详细，当然，也并非对所有的问题都要面面俱到，根据具体情况，在谈判中明显不会用到的信息可以不予收集。详见下页表：

背景资料	客户组织机构 联系电话 通信地址 网址和邮件地址 同类产品安装和使用状况 客户的业务相关产品情况 客户所在行业的主要应用
对手资料	竞争对手的产品特点和价位 竞争对手的产品使用状况 客户对竞争对手的满意度 竞争对手的销售代表的名字、销售的特点 竞争对手销售代表与客户之间的关系
项目资料	客户最近的采购计划 客户这个项目主要要解决的问题 采购决策人和影响者：谁做决定、谁来确定采购指标、谁负责合同条款、谁负责安装、谁负责维护 采购时间和预算
个人资料	家庭情况 家乡 毕业的大学和专业 喜欢的运动 喜欢的餐厅和食物 宠物（喜欢宠物吗？是什么？） 阅读（喜欢的书和杂志是什么？） 参加的其他商业组织 行程 与客户机构其他同事之间的关系

客户信息资料收集的方法主要有：

（1）询问法。

询问法是调查人员事先拟定调查项目，确定调查的内容或具体的问题，以某种方式向被调查对象提出，要求给予回答，由此获得信息资料。此种方法是调查的主要方法，适用于基本资料收集和意见征询及预测、分析。询问法又分为几种形式：当面交谈法、电话询问法、邮寄调查法、问卷调查法。

（2）观察法。

观察法是由调查人员直接或通过仪器在现场观察被调查对象的行为并加以记录而获取信息的一种方法。它适用于新产品的宣传和促销及跟踪调查，有利于掌握客户对新品的第一感觉和评价，以便及时回馈相关信息。观察法又可分为几种形式：直接观察法、亲身经历法、痕迹观察法、行为记录法。

（3）实验法。

实验法是由调查人员将研究的对象置于特殊的环境中，有控制地进行观察。在可控制的条件下，对一个或多个客户进行测验，以测定客户的思想和认识。通过小规模的实验，记录事物的发展和结果，收集和分析第一手信息资料。实验法源于自然科学中的实验求证，适用于新品的开发调研和认定。

（4）集体思考法。

集体思考法是调查人员通过讨论的方式来取得完整的信息。社会上的任何一个人总是免不了受自身环境、经历、知识、思维方式等方面限制，即使学识水平较高的人也难免有实践或经验方面的缺陷。集体思考法适用于企业的重大决策和对更大范围客户信息资料的掌握，是科学、民主决策的保证。

（5）德菲尔法。

德菲尔法是一种专家调查法，与其他调查法的区别在于：它是用背对背的判断来代替面对面的会议，采用函询的方式，依靠调查机构反复征求各个专家的意见，经过客观分析和多次筛选，使各种不同意见逐步趋向一致，得出客观实际的资料。它适用于企业的重大决策和重要客户信息资料的调查。

总之，对客户信息资料收集的方法很多，在具体运用的时候，可根据实际情况灵活采取，有时，也可以把不同的方法结合在一起综合使用，以取得客户最实际、客观的信息和资料。

10. 明确与客户谈判的目标

在计划中首先要设定最优目标、预期达到的目标及最低承受的底线。预期目标不是一成不变的，事实上大部分谈判很难达到己方的理想目标，这时往往需要第二套目标组合方案，简单讲，当谈判过程中已确定不能达成最优目标而被迫让步时，需要其他环节的底线目标提升到理想目标来弥补让步的损失，综合评估并不影响预期目标的实效。最低承受的底线一定是固定的，无论在谈判中有多么大的变化，失去底线的谈判是毫无意义的。

（1）分清重要目标和次要目标。

与客户谈判之前一定要把目标写下来，并根据优先等级来做相应的排序。目标要分清轻重缓急，哪个是最重要的目标，哪个是次要目标，把最终目标、现实目标和最低限度目标一一排列。另外，谈判要考虑留有余地，在准备时要制定一个最低限度目标。实验表明，如果一个人的最终目标定得越高，他的最终结果就会越好。有人做过一个实验，给两组人相同的条件，把其中一组的目标定得高一些，另外一组目标定得低一些，实验表明目标定得高的那一组最终结果比较好。

（2）分清哪些可以让步，哪些不能让步。

列出目标的优先顺序之后，还要分清哪些是可以让步的，哪些是不能让步的，必须明确，同时要简要、清楚地用一句话来描述。因为谈判是一个混乱的过程，如果写得很长、很多就需要花很多的时间去理解，比较麻烦，也容易出错，在不应该让步的地方，做了相应的让步，而该让步的地方却没让步，使谈判陷入僵局。

（3）设定客户的需求。

明确什么是自己想要的、需要的之后，接下来要明确客户想要和需要的内容。例如，如果给街上的乞丐一张演出芭蕾舞的门票，他是不会要的。他最需要解决的是什么？温饱问题。芭蕾舞对他来说，肯定是不需要的东西，他需要一碗粥，一床棉被，这是他最需要的，当解决温饱之后他才可能考虑其他的需要。所以在确定谈判目标的时候，一定要分清自己想要的和需要的内容，把它们罗列出来。谈判中有很多常见的问题都会出现，包括价格、数量、质量、交货期、付款、折扣、培训、售后服务等等。在谈判前，先列出自己谈判的目标，一二三四按优先级分出来，再列一个竞争对手的目标，考虑对方可能关心的内容，把它们一一地列出来。

设定目标时，作为卖方，可能最关注的首先是价格、时间，然后是能够卖多少东西，卖何种质量、档次的产品给客户。客户买东西时，最关注的不一定是价格，也可能是售后服务、产品质量。不同的客户、不同的谈判对手，所列出的目标是有差别的，但不管怎么样，谈判对手所列出的目标，和自己所列出的目标一定是有差距的。这就需要通过双方的交流和谈判，使各自的目标趋于一致。作为卖方希望买方能够按照自己的目标来做，买方肯定也希望卖方按照他的要求来做，怎样才能达成共识呢？这需要双方沟通和交流，在沟通和交流之前，一定要确定、设定谈判的目标。

11. 制订谈判计划

谈判需要一份好的计划，好的计划来自对与我方和客户各种相关信息的准确认识及适应，知己知彼，才能做到有理、有据、有节地进行谈判。以上所做的工作已经为谈判者制订谈判计划奠定了良好的基础，在谈判正式开始之前，制订好你的计划是谈判准备工作的重要一环，其重点应考虑如下一些问题：

（1）我对客户的了解充分吗？我的前期准备工作还有什么疏漏吗？

（2）见面后做一个什么样的开场白？

（3）客户可能会提哪些问题？我们应如何回答这些问题？

（4）我们是否有足够的事实数据和信息来支持我方的立场？如果没有，应增加哪些信息？

（5）谈判可能会遇到哪些困难？应如何化解？

在考虑了以上问题之后，就要着手为谈判制订一个大致的议程安排，谈判的进度是根据谈判内容的复杂性针对性地安排，每个议题间留出较充足的讨论时间，并考虑各个议题的次序安排及其衔接过渡，总体上要把握紧凑和有序的原则。

在拟定议程时，要注意以下几项原则：

（1）拟定议题时间表时，要预留出充分的思考时间；

（2）尽量在议程上发挥主导权，但也要适当考虑客户的需求，在没有特殊需求时，也可以接受对方提出的议程；

（3）合理支配议题地先后次序。

在制订谈判计划时，还有一件很重要的事，就是确定自己在谈判中的极限。这样你才知道，什么时候应结束谈判，什么时候可以说“是”，什么时候可以说“不”，什么时候态度可以强硬，什么时候可以终止谈判。这也就是说，如果到达这个极限点，必须明确自己该怎么办。另外，你应该考虑在你没有得到预期的结果时，将会发生什么事情，最好的选择是什么。

最后需要制定谈判的策略。谈判策略包括多种策略，如开局策略、报价策略、磋商策略、成交策略、让步策略、打破僵局策略、进攻策略、防守策略和语言策略等，要根据谈判过程可能出现的情况，事先有所准备，心中有数，在谈判中灵活运用。所谓策略是谈判中总体的风格和具体环节的技巧运用，是根据双方谈判优势的对比和利益的重要性来权衡制定的，不同的对手会有不同的谈判风格，特别指出谈判风格是依据对手的状况决定的，而绝非己方代表的性格或者一贯的风格。具体如何选择具体策略，可以参考本书后面的章节。

有些比较随意或临时性谈判，可能并不需要或没有时间来做正式的谈判计划，但这并不意味着谈判者可以随心所欲地东拉西扯了，至少谈判者应该在脑子中预想一下谈判的目标、主要环节、主要步骤等内容。哪怕是在开始谈判的前一分钟设想一下这些内容，对于实现谈判目标都会是有益处的。

第二章

功夫在诗外：谈判“内功”的修炼

只要你留心观察，就会发现你身边就有这样一些成熟老练的生意人：他们做人的境界很高，处世的功夫很深，做生意的手段很精，办事说话的方法有道；他们似乎生就一副铁嘴钢牙，能够轻松躲过明枪暗箭，能屈能伸，进退自如，能够在复杂的人际关系中如鱼得水；他们关系顺，路子多，成功快，令人羡慕不已、敬佩不已。人生达到这种境界，看似轻松自如，殊不知其中倾注了多少心力！

南宋大诗人陆游曾告诫自己的儿子：“汝果欲学诗，功夫在诗外。”学习谈判也是如此。要想在与客户谈判中如鱼得水，要想在生意场上纵横捭阖，苦练内功、不断提高谈判人员自身素质，才是“武学正宗”，是在谈判场上取得成功的根本法门。

12. 谈判高手的十大“内功”

那么，具体说来，一名成功的谈判者应该具备哪些素质呢？以下九条是成为一名谈判高手的核心素质。

（1）具有正确健康的谈判意识。

管理谈判者的谈判意识须是健康的，即以正当竞争的手段来达到存异趋同的目标。那种在谈判中想“出口气”“出风头”，而试图将对方置于死地而后快的潜意识，则不符合谈判的真谛，也是不可能成为一个真正的优秀谈判人才的。

（2）具有丰富的社会经验和广博的理论知识。

谈判是人类各种知识和经验的综合运用过程，具有极为复杂、微妙的具体规定性。谈判桌上的各种议论，有时声东击西，有时拐弯抹角，乍看起来，与谈判内容毫不相干，实则是在“兜圈子”“摆迷魂阵”。只有深谙世故、知识渊博的谈判高手，才能不辱使命。

（3）具有善于思索、精于判断、洞察秋毫的能力。

善于思索是管理谈判者所应具备的最基本要素，而准确认识事物、判断事物，则是谈判能手的必备素质。谈判过程充满着多种多样始料不及的问题和假象，需要管理者不断去认识、思考、判断、观察、分析和综合，以便不断地根据新情况、新问题及时调整自己的谈判方案。

（4）机智幽默，随机应变。

谈判是一种极为复杂而艰巨的求同存异的过程。人的情绪、思路及客观情况，往往会瞬息万变。这就要求管理谈判者在任何情况、任何条件下，都能反应敏捷，机智幽默，“敌变我变”，“以不变应万变”地对待谈判，这也是管理谈判者应具备的素质。

（5）礼让温和，胸怀坦荡。

管理谈判者要有大家风范，君子胸怀，举止坦诚，格调高雅，彬彬有礼，和蔼待人。这样才能为谈判创造一种和平友好的合作气氛。不要事事计较，不苛求于人，不对别人的暂时误解耿耿于怀。

（6）稳健而富有耐心与恒心。

只有稳住持重的人，才能担负谈判的重任。谈判的艰巨性，不亚于任何其他事业。许多重大艰难的谈判，不是一轮、两轮就能完成的，如果管理谈判者没有坚忍不拔、忍耐持久的恒心和泰然自若的精神，是难以适应的。谈判往往会出现拉锯式的僵局，最后的转机往往取决于“最后五分钟”。有一个很著名的生意谈判能手曾这样说：“永远不轻易放弃，直到对方至少说了七次。”培根在《谈判论》一文中也指出：“一切艰难的谈判之中，不可存一蹴而就之想，唯徐而图之，以待瓜熟蒂落。”

（7）巧言善辩，思维严密。

谈判是思想观点的交流，是借助语言传递来完成的。这就要求管理谈判者有思辨的大脑和伶俐的口才。谈判桌前，无论是和风细雨的商谈还是声色俱厉的交锋，都要求管理谈判者具有严密的逻辑思维和雄辩的言辞。

（8）刚毅、果断，勇于承担主角责任。

勇于承担主角责任的人，才会敢于工作，致力创新。管理谈判者在谈判中，应当对谈判的后果负责。这就要求管理谈判者在面对重大责任或险局的紧要关头，刚毅、果断，勇于决策，决不优柔寡断，退缩回避。我们无法设想，一个管理谈判者遇事惊慌失措，不敢提问题或不敢回答别人提出的问题，会使谈判如何进行下去。

（9）认真细致的工作态度。

谈判，特别是较为正规的谈判，对谈判者的要求是工作态度严肃认真，一丝不苟。严肃认真的谈判者，应该建立谈判档案。谈判中，应随时作好谈判备忘录，使己方的谈判工作在规范化、程序化的轨道上有条不紊地进行。古今中外的许多高手对弈，稍有疏忽就可能导致全盘皆输。

13. 谈判者的语言素质

人们称谈判大师为“语言大师”。在谈判者所需要具备的诸多素质中，语言素质是极其重要的，也是可以通过训练加以提高的。

一个谈判高手必需具备高超的语言艺术素质，能有效地运用语言来表达自己的思想和感情，能吸引对方的注意力；能发挥语言感染力，使对方感到你是能力强、业务熟的对手。准确、生动、幽默的语言，可以活跃气氛、化解矛盾，促使谈判的成功。这就要求谈判人员加强修辞意识，精心挑选词句，巧妙运用语汇，淋漓尽致地表达自己的思想。

（1）善用幽默语言。当谈判处于紧张状态时，妙语连珠的幽默语言，可以缓和和活跃气氛。例如：当对方情绪激动“手舞足蹈”时，你可以用非常客气和平缓的口气说：“请不要跳舞，这里是洽谈室。”这可顿使紧张气氛变成哄堂大笑。

（2）善用应酬话。应酬话可联络感情，所以在经济谈判中十分必要，而且这也是礼貌和有修养的表现。例如“您好”“早安”“晚安”“见到您很高兴”“耽误了您的时间”等等。这些语言虽然是没什么新意的客套话，但还是会让客户感受出你对他的尊重，并进而对你产生好感。

（3）善用谎话。虽然，我们一再强调真诚胜过技巧，谈判绝不是欺诈行为但在与客户谈判中，正当的、必要的、非原则性的谎话也是合理的，它可以帮助你既保全了对方面子，又缓解了矛盾、争取了时间、渡过难关。这在最后期限策略和声东击西策略中经常使用。

（4）善用同情话。谈判者要善于调整说话的立足点，多从对方的立场着想，那么你的建议就容易为对方所接受，尽管你的主要目的还是为自己一方谋取利益。例如：“您的问题就是我们的问题，愿为您效劳！”“这种货源很紧，质量不错，价钱也不够高，为您进这批货可费了我一番周折。您进了货，包您卖得出去，银根再紧，这买卖也应该做。您如果愿意多进些货，我愿为您破例再打点折扣，您意下如何？”

（5）善用委婉话。谈判时，善于运用一些委婉、似是而非的话，可回避一些一时吃不准、时机尚未成熟、需要保密而不宜公开的内容。常用的词汇有：也许、可能、相当、未必、恐怕、据说、不见得、不很清楚、不一定等。

（6）善用例证。没有例证的论证，犹如一盘没有盐的佳肴，可吃却无味。所以，要使你的观点生动，易于为对手所接受，就必须引用例证。当然，在引用例证时要切题，避免驴唇不对马嘴。

14. 掌握谈判语言的特点

翻手为云，覆手为雨，这是每一个现代人都想达到的办事技能。谁拥有灵活的说话办事的招术，谁就能在竞争激烈的社会中永立不败之地。拥有说话的功夫，精通说话之术，会使你拥有一人当关、万夫能开的不同寻常的能力，让你八面玲珑，编织起一张巨大的人际网络，为自己赢得取之不尽、用之不竭的人际关系资源。会使你在强大的生意对手面前侃侃而谈，口若悬河而又滴水不漏；会使你成为一名精明的、老练的、受人欢迎的老板，要势得势，要人得人，要财得财……

谈判语言又有其自身的一些特点，只有掌握了它的这些特点，我们才能有针对性地加以训练和把握，真正提高谈判者的语言素质。具体讲，谈判语言有以下几个特点是需要谈判人员加以注意的。

（1）针对性要强。模糊、啰唆的语言，会使对方疑惑、反感，降低己方威信，成为谈判的障碍。

（2）针对不同的商品、谈判内容、谈判场合、谈判对手，要有针对性地使用语言，才能保证谈判的成功。例如：对脾气急躁、性格直爽的谈判对手，运用简短明快的语言可能受欢迎；对慢条斯理的对手，则采用春风化雨般的倾心长谈可能效果更好。在谈判中，要充分考虑谈判对手的性格、情绪、习惯、文化以及需求状况的差异，恰当地使用针对性的语言。

（3）谈判中应当尽量使用委婉的语言，这样易于被对方接受。比如，在否决对方要求时，可以这样说：“您说的有一定的道理，但与实际情况稍微有些出入。”然后再不露痕迹地提出自己的观点。这样做既不会有损对方的面子，又可以让对方心平气和地认真倾听自己的意见。

（4）把自己的意见用委婉的方式伪装成对方的见解，提高说服力。在自己的意见提出之前，先问对手如何解决问题。当对方提出以后，若和自己的意见一致，要让对方相信这是他自己的观点。在这种情况下，谈判对手有被尊重的感觉，他就会认为反对这个方案就是反对他自己，因而容易达成一致，获得谈判成功。

（5）灵活应变。当遇到对手逼你立即做出选择时，你若是说“让我想一想”“暂时很难决定”之类的语言，便会被对方认为是缺乏主见，从而在心理上处于劣势。此时你可以看看表，然后有礼貌地告诉对方：“真对不起，9 点钟了，我得出去一下，与一个约定的朋友通电话。请稍等 5 分钟。”于是，你便很得体地赢得了 5 分钟的思考时间。

恰当地使用无声语言。商务谈判中，谈判者通过姿势、手势、眼神、表情等非发声器官来表达的无声语言，往往能在谈判过程中发挥重要的作用。在有些特殊环境里，有时需要沉默，恰到好处的沉默可以取得意想不到的良好效果。

掌握了这些说话办事的方法和技巧，会使你成为一名成熟老练的生意人，与顾客应酬起来更轻松、更容易，使你可以在任何场合，面对任何人，都能做到从容不迫地说，潇洒自如地说。让你说得痛快，让人听得舒心，让你在经济上找到财富，在事业上赢得成功。

15. 含蓄得体胜过口若悬河

华贸商业大厦已有10年没有经销洪达洗衣机厂的产品了。据说是因为返修率太高，双方打了场索赔官司，就不再往来了。近几年来，由于洪达洗衣机厂引进了先进技术和设备，使洪达牌洗衣机一跃成为名牌产品，备受广大顾客欢迎。随着各自业务的发展，双方深感重修旧好对双方都是有利的。于是双方为了开拓市场，终于在春城见面，进行了谈判。洪达洗衣机厂由王厂长带队，华贸一方则由张总经理披挂上阵。

华贸商业大厦张总经理亲自在玫瑰酒家为王厂长接风，举杯祝酒说："由于大家都知道的原因，我们两家已有10年没有往来了。"张总经理这句话真可谓"绝妙好辞"，既不违背华贸一贯销售名优产品的原则，并且又进一步指出了两家不往来的真正原因，是洪达厂的产品质量不过关造成的，而且又不伤害客人的面子。洪达厂王厂长听了会心地微笑着点了点头。

王厂长致答词，举杯说："共同的心愿，又使我们两家翻开了新的一页。"张总经理也为王厂长的讲话鼓掌。王厂长的话也是妙语连珠，既承认了过去产品质量差造成的生意中断，又表达了今后通力合作的决心。双方都很体面地结束了过去，又积极地建立起友谊。双方关系进入了曲径通幽处的佳境。

这一实例告诉我们：在谈判过程中，要达到谈判目的，虽然有时可以直言不讳，慷慨陈词，但有的时候，委婉含蓄能收到意想不到的效果。俗话说得好："直道好跑马，曲径可通幽。"张总经理和王厂长的讲话都收到了曲径可通幽的效果。使双方相互明白，做买卖占市场必须产品质量第一，否则就会造成10年不往来的后果。这是洽谈成交的基础。同时，也表现了双方的大度，谁也不揪小辫子，双方感情达到了交融。

所以，在与人洽谈生意时，一定要注意含蓄语言的运用。如果你按下面的办法去做，肯定会有积极的效果：

（1）因为机密或其他原因不宜直言，可借助含蓄的表达，委婉地暗示对方，不要再问下去，否则会影响谈判进程。

（2）在某些特定情况下，运用含蓄的语言幽默得体地反击对方别有用心的不友好的言行，让对方清楚，要平等待人，不要伤害感情，同时，让对方抓不住什么把柄。

（3）有些情况或意见需要对方知晓，但是由于场合、对方的身份、心理状态等原因，直言容易造成不良后果。这时就要改用含蓄的语言暗示对方知晓，以防欲速则不达。

（4）本来可以直言的，如改用含蓄语言间接地表达，会产生幽默的效果，缩短双方感情的距离，创造一个和谐的谈判气氛。

16. 到什么山上唱什么歌

有一则笑话，说是某人擅长奉承。一日请客，客人到齐后，他挨个问人家是怎么来的。第一位说是坐出租车来的，他大拇指一竖："潇洒，潇洒！"第二位是个领导，说是亲自开车来的。他惊叹道："时髦，时髦！"第三位显得不好意思，说是骑自行车来的。他拍着人家的肩头连声称赞："廉洁，廉洁！"第四位没权也没势，自行车也丢了，说是走着来的。他也面露羡慕："健康，健康！"第五位见他捧技高超，想难一难他，说是爬着来的。他击掌叫好："稳当，稳当！"

看到这里，你也许会捧腹大笑，甚至会骂这个人是马屁精。但细细思忖之下，定能悟出“上什么山唱什么歌”的奥妙之所在。在与客户谈判过程中，学会根据客户的不同特征合理确定谈判策略，恰当运用语言技巧，对于谈判成败是至关重要的。

我们时常听到有人批评某些人“少根筋”，指的就是不看情况胡指瞎说。像在寿宴上对着寿公寿婆大谈人寿保险的好处；对着孕妇说：“这年头养孩子没什么好处，翅膀长硬了就飞了”；对新郎新娘说：“今天喜宴的菜好吃极啦，下回别忘了再请我，我一定捧场”；别人就要出远门旅行了，却对他大谈今年发生了多少飞机失事的意外事件……你不想成为这样的冒失鬼而失去谈判客户吧？那就要在谈判时学会从以下一些方面观察，在此基础上恰当运用语言。

（1）看客户的性格和性别特征。

客户性格外向，透明度高，你就可以随便一些，开开玩笑，斗斗嘴，他会很自然地接受；如果客户性格内向、敏感，你就可以讲一讲适合的笑话，让他开朗一些，最重要的是表现真诚，可以挖掘客户比较在意、隐藏在内心深处的话题，让客户觉得你是在真正地关心他。

（2）看客户的身份特征。

俗话说：“秀才遇见兵，有理说不清。”如果你对普通的工人农民摆出知识分子的架子，满口之乎者也，肯定让对方满头雾水，更别说会被接受了。要是遇见文化修养较高的人，也不能开口就一副江湖气，容易引起反感，更无法获得交往的信任和好感。

（3）看客户的兴趣爱好。

比如和有小孩的女性说话，可以说说孩子教育和柴米油盐酱醋茶；和公司职员说话，可以说说经济环境等问题……说得不深入没关系，只要你开口了，他们便会不由自主地告诉你很多关于他自己的和工作上的事情。

如果你还善于引导，他恐怕连心事都要掏出来了。

（4）看客户的年龄特征。

老年人喜欢别人说他年轻，而小孩就不喜欢大人总是说他太小；中年人喜欢别人说他事业有成，家庭美满，而年轻人就喜欢别人说他有闯劲有活力。不同年龄层次的人喜欢不同的话题。

17.说服顽固者的技巧

一般来讲，谈判中的对手都是通情达理的，但是在实际谈判中，也不乏有固执己见、钻“牛角尖”类型的对手。谈判人员对于此种对手往往是“谈虎色变”，认为他们难于对付、难以理解。因为他们有时甚至根本“不进油盐”，让人左右为难。其实，这种人在很大程度上是性格所致，并非他们不懂道理。事实上，对于这种人只要你能抓住他们的性格特点，掌握他们的心理活动规律，采取适宜的说服方法，晓之以理、动之以情，他们还是会接受正确的意见的，是可以被说服的。对此种顽固对手，你可以采取下述几种方法对之进行说服。

（1）“台阶”法。

那些顽固者虽然常常比较固持己见，表面上不肯轻易投降，甚至还会态度强硬，大发雷霆，其实有时他们自己也往往搞不清谁对谁错，但还是在外表上硬是坚持自己的观点。有时他们尽管明知自己已经错了，但由于自尊心的作用，也不会轻易地承认自己的错误。而此时，你不妨先给他一个“台阶”，说一说他正确的地方，或者说一说他错误存在的客观根据，这也就是给对方提供一些自我宽慰的条件和机会，这样他就会感到没有失掉面子，因而容易接受你善意的说服。

（2）“观望等待”法。

顽固者一般不会轻易地被说服，这时你不妨等待一段时间。对方虽然没有当面表示改变看法，但对你的态度和你所讲的话，事后他会加以回忆和思考的。必须指出，等待不等于放弃。任何事情，都要给他人留有一定的思考和选择的时间。同样，在说服他人时，也不可急于求成，要等待时机成熟时再和他交谈效果往往比较好。

（3）“绕弯”法。

当对顽固者从正面很难说服时，你可以改变方法迂回前进，不要强行或硬逼着他与你进行辩论。就像作战一样，对方已经防备森严，从正面很难突破，解决办法最好是迂回前进，设法找到对方的弱点，一举击破对方。说服对手也是同样的道理，当正面道理很难说服他时，就要暂时避开主题，谈论一些对方感兴趣的事情，从中找到对方的弱点，逐渐针对这些弱点，发表己方的看法，让他感到你的话对他来说是有用的，使他感到你是可信服的人，这样你再逐渐把话转入主题，晓之以利害，他就会更加冷静地考虑你的意见，容易接受你的说服。

（4）“冷处理”法。

所谓“冷处理”法就是对于顽固者的那些苛刻不合道理的言论不予理睬，以沉默的方法应对。对于一些纠缠不清的问题，如果又遇上了不讲道理的人，只有当作没听见，不予理睬，对方就会觉得他所提出的问题可能没有什么道理，人家根本就没有在意，于是自己也就会感到没趣了，从而可能会不再坚持自己的意见了，从而达到说服对方的目的。

（5）“变换说服方式”法。

当你所采用的一些说服方法对顽固者不奏效时，可以改变原来的说服方式，寻求一些适合他心理的方式，或是改变说服的角度，正好对了他的心思，这样往往就会起到出其不意的说服效果。

谈判人员无论是采用何种说服技巧，只要能站在对方的角度设身处地为对方着想，取得对方的信任，这样离说服对方的距离就为时不远了。

18. 诙谐打趣、营造气氛

谈判是一切为达成双边或多边一致的过程，谈判的行为包括其间的语言表达（往往是最容易被忽略，而又往往是非常重要的）或其他行为活动。达成一致的过程事实上就是谈判的双方或多方心理状态趋同的过程。

谈判是一件十分严肃的事，双方站在各自的立场，为争取各自的利益努力。但如果你固执地认为，谈判就不可能轻松愉快地进行，那你就走进了一个谈判的误区。如果你总是一副严肃的面孔，以极其认真的态度上来就"言归正传"，没有一点活泼的气氛，谈判场所死气沉沉、闷不可言，总给人一种压抑的感觉。就会造成暂停、休会的次数很多，于是就会出现满足双方利益的灵活方案少有建设性的提议，达成协议的日期一推再推的情况。所以你应该主动去营造良好的谈判气氛。

某个警匪电影中有这样一段谈判专家与匪徒的对话：

匪徒："你怎么来得这么慢，你们是不是想拖延时间？！"

谈判专家嬉笑着说："不好意思，堵车嘛！"

轻松愉快的气氛能缓解谈判中的紧张情绪，激发人们的想象力，增进人们的感情。在良好的氛围下，人们更容易被理解、被尊重，也更容易获得支持和关注。反之，沉闷抑郁的环境，很容易滋生猜忌和隔阂。在谈判中，不能营造良好的谈判气氛，就好像机器缺少"润滑剂"一样，给人很别扭的感觉，也就谈不上有效地减少双方心理障碍，给双方沟通增加困难，甚至可能使谈判进展缓慢。

谈判气氛形成后，并不是一成不变的。本来轻松、和谐的气氛可能因双方在实质性问题上的争执而突然变得紧张、甚至剑拔弩张，一步就跨到谈判破裂的边缘。这时双方面临的最急迫问题并不是继续争个“鱼死网破”，而是应尽快使谈判气氛缓和下来。在这种情况下，诙谐幽默无疑是最好的武器。

卡普尔任美国电报电话公司负责人初期，在一次董事会议上，众人对他的领导方式提出了许多责问和批评，会议充满了紧张的气氛，人们似乎都已无法控制自己的情绪。有一位女同事用高分贝的声音质问道：“公司在过去的一年中，用于福利方面的钱有多少？”“× 百万美元。”“噢，我真要昏倒了！”听到如此尖刻的话，卡普尔轻松地回答了一句：“我看那样倒好。”会场上意外地爆发出一阵难得的笑声，那位女董事也笑了。紧张的气氛随之缓和下来。卡普尔用恰当的口吻把近似对立的讽刺转化为幽默的力量，同大家一起度过了紧张的时刻，缓解了众人激动的情绪，心平气和地致力于问题的解决。

上述例子让我们看到了幽默对紧张气氛的润滑作用，幽默的语言有三个最基本的特点：第一，它能使人发笑，这是表达方式上的特点；第二，它有深刻的寓意，这是表达内容上的特点；第三，它是友好善意的，这是表达目的上的特点。幽默反映了人对生活的积极乐观的态度，反映了人的同情心和爱意，反映了人的审美情趣的高尚，反映了人的知识和修养的富有。在现代商务谈判中，它发挥着越来越重要的作用，被作为气氛的润滑剂和特定情况下一招制胜的“杀手锏”。

19. 出人意料：运用幽默的关键

尽管我们可以列举很多运用幽默的具体方法，如归谬法、夸张法、偷换概念法、谐音法等，幽默却并没有具体的规则和方法，但幽默的使用往往都会以出人意料为特征——正如相声的笑料往往是因为那些出人意料的"包袱"一样。每个谈判者都会碰到各种各样的矛盾，有的甚至是相当棘手的难题，使用出人意料的幽默包袱，往往可以使很多不轻松的问题可以用轻松的方式来解决；严肃之门可以用幽默的钥匙开启。因为幽默是一种轻松的深沉。

有一位大学生思想很活跃，且为人诙谐，他在当了推销员之后，萌发出一个好主意。他有一次走进一家报馆问：

"你们需要一名有才干的编辑吗？"

"不。"

"记者呢？"

"也不需要。"

"印刷厂如有缺额也行。"

"不，我们现在什么空缺也没有。"

"那你们一定需要这个东西。"

年轻的推销员边说边从皮包里取出一块精美的牌子，上面写着："额满，暂不雇人。"如此轻而易举地促成推销。

美国演说家海耶斯，当年还是一个初出茅庐、畏首畏尾的实习推销员。一次，一个老练的推销员带着他到某地推销收银机。

这位推销员并没有电影明星似的堂堂相貌，他身材矮小、肥胖，红彤形的脸，却充满着幽默感。

当他们走进一家小商店时，老板粗声粗气地说：“我对收银机没有兴趣。”

这时，这位推销员就倚靠在柜台上咯咯地笑了起来，仿佛他刚刚听到了一个世界上最妙的笑话。店老板直愣愣地瞧着他，不知所以然。这时，这位推销员直起身子，微笑着道歉：“对不起，我忍不住要笑。你使我想起了另一家商店的老板，他跟你一样地说没有兴趣，后来却成了我们熟悉的主顾。”

而后这位老练的推销员一本正经地展示他的样品，历数其优点。每当老板以比较缓和的语气表示不感兴趣时，他就笑哈哈地引出一段幽默的回想，又说某某老板在表示不感兴趣之后，结果还是买了一台收银机。

旁边的人都瞧着他们，海耶斯又窘又紧张，心想他们一定会被当作傻瓜一样赶出去。可是说也奇怪，老板的态度居然转变了，想搞清楚这种收银机是否真有那么好。不一会儿，他们就把一台收银机搬进了商店，那位推销员以行家的口吻向老板说明了具体用法。结果这位推销员运用幽默的力量取得了成功。

有些幽默感可能和谈判者天生的性格和思维方式有关，但并非不能通过后天培养。培养深刻的洞察力，提高观察事物的能力，培养机智、敏捷的能力，是提高幽默的一个重要方面。只有迅速地捕捉事物的本质，施以恰当的比喻和诙谐的语言，才能使人们产生轻松的感觉。除此之外，注意平时多积累些幽默段子和技巧，做到胸中有“料”，才可能在与客户谈判时“运用之妙，存乎一心”。

20. 与客户谈判中运用幽默时机的把握

幽默的人随时都会有幽默产生。什么时候说呢？在你认为对方有心情、有品位，实际上只要你觉得对方听了会高兴，那就说。千万记住，幽默在谈判中不是自娱自乐，而是获取好感、贴近对方，获得对方信任的一种手段。

幽默带来笑，笑让人感到善良，所以，谈判中幽默能引起对方好感。无论多严肃的气氛，或者说越是严肃的气氛，越容易产生幽默的元素。但是，再好的事情在不合适情况下幽默了，也会变成坏事情。幽默需要条件，对象的、环境的条件。

所谓的幽默的时机，就是谈判人员要知道什么可以幽默，什么时候应该严肃，什么场合该说什么话，什么场合不该说什么话。这看似简单，可是做起来就不是那么简单了，很多人也都是吃了这方面的亏，最终懊悔不已。古人讲：“山不在高，有仙则名；水不在深，有龙则灵。”说话也是如此，幽默不在多，点到就行，时机对就好！

掌握好幽默的时机，是每一个谈判者运用幽默前必修的一门课程，因为如果你说的不是时候，即便你的幽默再好笑，不仅起不到好的作用，相反，还会给你带来反面的效果，那么你就是赔了夫人又折兵，实在是很不划算。因此，要学会根据对方的性格、心理、身份以及当时的氛围等一切条件，考虑自己运用幽默的时机和内容。

要注意时机和场合，最好能根据双方谈判的内容制造某种情境，形成幽默，而不要在一些比较严肃但并非尴尬、沉闷的时候插入一些自己编造的生硬笑话。这样不但不能达到活跃气氛的目的，而且还会使你显得很滑稽。

两个人一见面，还没有进入主题的时候可以幽默一下。幽默之后，就不要接着说了，否则你俩便控制不住，没有正经事儿了。对方幽默，你严肃一点，装得好像不幽默，并对对方的幽默报以良好的回应。所谓良好回应，即多恭维对方的幽默感。而且，每一次说时都要停顿一下，让对方感到你不是奉承，而是认真想过之后真得觉得太棒了。

当谈判陷入僵局或气氛紧张时，是谈判者施展幽默的好时机，这时一句轻松得体的玩笑话可能扭转整个紧张局面。

当你幽默了之后，对方没什么反应，就不要再说了，这说明对方是个严肃的人。没准他事业心很重，恐怕一高兴把事业给毁了；或者他还愿意在你面前保持一个端庄的形象；或者，他认为和你不是非常熟悉，如果配合你笑了，恐怕你笑他傻。但有一点他是清楚的，你是个会说话、会幽默的人。等你们俩熟悉之后，你会发现其实他很有意思，总在你面前表现幽默，等着你夸他呢。

21. 雷池不可越：恰当地运用幽默

幽默在营造良好的谈判气氛方面的重要作用，已为越来越多的谈判者所认识和接受，并在谈判中巧妙地使用，收到了良好的效果。但正如真理向前再迈一步就变成谬误一样，在谈判过程中想利用幽默的手段又不适当，往往会适得其反，形成负面影响。

一位个体鞋商向某商场推销一批质次价高的旅游鞋。在谈判过程中，鞋商极力吹嘘鞋的质量：“经理，你就拍板吧，鞋的质量绝对没有问题，它的寿命将和您的寿命一样长。”经理翻了翻样品，微笑着说：“我昨天刚查过身体，一点毛病都没有，我可不信我很快就会死。”在这个谈判中，经理巧妙地利用鞋商过分夸大鞋的质量的时机，用幽默的话语道出了其对鞋的质量的看法，但鞋商的幽默则有失妥当，把对方的寿命与鞋子联系起来，很容易招致反感。

说严肃话题及任何值得怜悯的事情时不能用幽默的口吻，也不能紧跟着幽默话之后马上说。不能在对方说严肃重要的事情时你却说幽默的话。这样就不是幽默，而是愚蠢了。

不要因为对方幽默就觉得善良就去相信他。幽默的人都是那种极聪明的人。他们知道讨你喜欢，然后占你便宜。

不和你幽默的人，说明脑子里一直在想着对付你。对这样的人不能掉以轻心。幽默是检验对方是不是有情趣、有感情的标准。对付不幽默的人，千万不能动感情，也不能相信他们会有信用。因为信用是道德范畴，是感情，是人行善的表现，因此说，没有感情便没有信用。当然，有时候你的幽默水平不行也是导致对方不幽默的一个原因。你觉得有趣的事情，对方根本不感兴趣。不要认为你说什么都幽默，要真正让对方感到幽默，说到对方心里，你非下功夫不行。

不要轻易和有权势、有学问、各方面比自己强很多的人，或者本来水平一般、但自以为是的人幽默。他们不吃这一套，也不想通过幽默的方式和你走近。但不用很久，他们就露馅了。你会发现，他们笑起来时比谁都傻。有的更可怜，连笑都不会、都不敢，生怕一笑露傻。

不要当着女人的面和男人幽默。男人肯定会吃醋，觉得你在炫耀，不把他放在眼里。要是那个男人这样“幽默”，你就配合一下，让对方高兴吧。反正你关心的是利益，他想表现就表现吧。要是这个女人是你的，那就看你的涵养了。

第三章

有所不为：避免与客户谈判中的禁忌与误区

与客户谈判既是口才与技巧的较量，也是智慧的角力。在谈判中，很多时候，犯下一个愚蠢的错误，可能用十条技巧都难以弥补。因而，对谈判者而言，避免错误的行为，防止陷入误区，和提高谈判者素质、掌握各种谈判技巧一样，都是极其重要的——某些情况下，知道"有所不为"甚至比"有所为"更重要。

22. 语言禁忌

在社会活动和商务活动中，我们必须通过谈判和协商签订具有一定约束力的契约以及各种相关文书，以确定当事人各自的权利和义务。这些文件，特别是有关承担义务和责任的关键部分，一字一句必须含义明确、概念清楚，绝不可语言模糊、模棱两可，否则极易引起争议，后果是难以预料的。

一忌欺诈隐瞒。

有些人把商务谈判视为对立性的你死我活的竞争，在具体洽谈时，不顾客观事实，欺、诈、隐、骗，依靠谎言或“大话”求得自身的谈判优势。如一位业务员同一家商店进行推销洽谈，业务员为了促销，在介绍产品质量时声称已经获得“省优”和“部优”，商店看样后认为有一定市场，于是双方达成买卖意向。商店后来了解到这种商品既非“省优”也不是“部优”，产品虽适销，但商店也怕上当受骗，于是未予签订合同，一桩生意告吹。可见欺骗性的语言一旦被对方识破，不仅会破坏谈判双方的友好关系，使谈判蒙上阴影或导致谈判破裂，而且也会给企业的信誉带来极大损失。所以说，谈判语言应坚持从实际出发，应给对方诚实、可以信赖的感觉。

二忌盛气凌人。

有的谈判者仗着自身地位、资历“高人一筹”，或者谈判实力“强人一等”，在谈判中往往盛气凌人。居高临下、盛气凌人的行为易伤对方感情，使对方产生对抗或报复心理。所以，参加商务谈判的人员，不管自身的行政级别多高、资历多老、所代表的企业实力多强，只要和对方坐在谈判桌前，就应坚持平等原则，平等相待，平等协商，等价交换。

三忌道听途说。

有的谈判者由于与社会接触面大，外界联系多，各种信息来源渠道广，在谈判时往往利用一些未经证实的信息，作为向对方讨价还价的依据，缺乏确凿证据的实际材料，其结果很容易使对方抓住你的谈话漏洞或把柄向你进攻。就个人形象来讲，也会使对方感觉到你不认真、不严谨、不严肃，不值得充分信赖。因此，特别在商务谈判中，更应避免用“据说”之类的字眼。

四忌攻势过猛。

某些谈判者在谈判桌上争强好胜，一切从“能压住对方”出发，说话锋利刻薄，频繁地向对方发动攻势，在一些细枝末节上也不甘示弱，有些人还以揭人隐私为快事。在谈判中攻势过猛的做法是非常不可取的，极容易伤害对方自尊心。遇到生性懦弱的人可能一时得逞；遇到涵养较深的人，尽管暂时忍让，让你尽情表演，但他欲擒故纵，到关键时刻将迫使你付出代价；遇到强硬、进攻性很强的对手，小的进攻就会惹起更大的反击，反而对自己不利。因此，在谈判中说话应该委婉，尊重对方的意见和隐私，不要过早地锋芒毕露、表现出急切的样子，避免言语过急过猛，伤害对方。

五忌含糊不清。

有的谈判者由于事前缺乏对双方谈判条件的具体分析，加之自身不善表达，当阐述自身立场、观点或回答对方提出的某些问题时，或者语塞，或者含含糊糊、模棱两可，或者前言不搭后语、相互矛盾。模棱两可的语言容易给对方留下一种“不痛快”“素质不高”的感觉，也容易使对方钻空子，使自己陷入被动挨打的境地。所以，谈判者事前应做好充分的思想准备和语言准备，对谈判条件进行认真分析，把握住自身的优势和劣势，对谈判的最终目标和重要交易条件做到心中有数。同时做一些必要的假设，把对方可能提出的问题和可能出现的争议想在前面，这样，在谈判中不管出现何种复杂局面，都能随机应变，清楚地说明自己的观点，准确明了地回答对方的提问。尤其是在签订谈判协议时，能够把握关键，使合同条款定得具体、完善、明确、严谨。

六忌以我为主。

在商务谈判中，有些人随意打断别人的话；有些人在别人说话时不够专注；有些人自己说个滔滔不绝、没完没了，而不考虑对方的反应和感受；尤其当洽谈某些交易条件时，只站在自己的立场上，过分强调自身的需要，不为对方着想。这些做法都是很不礼貌的，极容易引起对方的反感。

所以，谈判者应学会倾听别人谈话的艺术，对别人的谈话应表现出浓厚的兴趣，多进行一些角色互换，语言应委婉，留有商量的余地。这样既表明自己有修养，容易赢得对方的喜爱，同时也能更好地了解对方，摸清对方的底细和意图，一举多得。

七忌枯燥呆板。

某些人在谈判时非常紧张，如临大敌，说起话来表情呆板，过分地讲究针对性和逻辑性。这对谈判也是很不利的。商务谈判不同于某些对抗性很强的政治谈判，它是一种合作性的交往，应该在一种积极、友好、轻松、融洽的气氛中进行。因此，谈判者在正式谈判开始前应善于建立一种良好的谈判气氛，在正式谈判过程中也应恰当地运用一些比喻，善于开一些小玩笑，使说话生动、形象、诙谐、幽默、有感染力。通过活泼的语言创造并维持一种良好的谈判气氛，这对整个谈判格局及前景是会起到重要的促进作用的。

23. 服饰禁忌

在商务谈判中，谈判人员的服饰要朴素、大方、整洁、挺直，而且要从自己的经济状况、职业特点、年龄、体型、身份、精神、气质出发，尽量做到适中、和谐、均衡，从而给人以潇洒、有魅力的感觉。如果在国外进行谈判，应特别注意服饰要尽可能与谈判对手国家相匹配，尊重当地的习惯与东道主的要求。女性谈判者的服饰尤为重要，得体的服饰会给人一种淡雅、整洁、大方之感，充分体现女性的自信、自尊与自主。

在国外，对服饰有着比较严格的要求。如晨礼服适合于参加隆重典礼、就职仪式、星期日教堂礼拜以及婚礼等场合；小礼服则适合在午后举行的宴会、音乐会、剧院演出等活动，参加晚 6 点后举行的宴会、音乐会、剧院演出等活动时穿戴。近年来，各国穿晨礼服、大礼服的情况越来越少，出现了穿普通西装可以参加所有活动的趋势。但在商务谈判中，服饰礼仪仍具有不可忽视的作用，因此需要掌握其一般原则，并了解一些特殊原则。

（1）不同性别、不同年龄的人要选择适合自己的服装。谈判时着装的一般原则是：男子穿庄重的西服，系好领结或领带；女子穿礼服或裙式西服。而对那些无论款式多么新颖的牛仔装，多么高档的网球服、T 恤衫、运动鞋、短裤、紧身毛线衣，多么高档的网球服、开领男衬衫，任何显得不庄重的帽子，都不应该出现在谈判场合。

（2）服装要清洁、平整。任何服装都应注意清洁整齐，衣服应熨烫平整，裤子要熨出裤线。穿着时，应按各种服装的特点，将扣子、领钩、领带等扣好、系好。

（3）着装要入乡随俗。在任何国家或地区，谈判者的服饰都应当与当地的文化背景和风俗习惯相适应，并要和周围环境协调起来，或按照东道主的要求穿戴，而不能穿着使人感到古怪、奇特或违反禁忌的衣服。

（4）参加各种商务谈判活动，进入室内一般都要摘帽、脱大衣、脱风雨衣等，并送存衣处。男子任何时候在室内不得戴手套、帽子，而女子的纱手套、纱面罩、帽子、短外衣等作为服装的一部分可在室内穿戴。在室内一般不要戴有色眼镜，即使在室外，遇有隆重仪式或迎送等礼节性场合，也不应戴有色眼镜。有眼疾须戴有色眼镜时，应向客人或主人说明。

（5）在家中或旅馆房间接待客人时，应提前做好准备。如果不及更衣，应该请客人稍坐，立即换好服装，穿好鞋袜。不得赤脚或只穿内衣、睡衣、短裤等接待客人，否则是很不礼貌的。

（6）在商务谈判活动中，绝不可穿着任何表明自己任何社会联系或信仰的服饰。它包括外出戴的戒指，联谊会戴的戒指和领带、胸针，政治性徽章，宗教象征饰品，等。

（7）除非必要，一般不宜脱掉西装外衣。

24. 谈判心理禁忌

无论是日常生活还是体育竞赛，心理因素越来越被给予了充分的重视。人们认识到过去知之甚少的心理对行为的巨大影响，由此而加以调节、控制，以使其向有利的方向发展。

谈判也是如此。旷日持久的谈判，实质上是一场心理战，往往是心理素质好的能够占上风。因此，谈判人员事前要有比较好的心理训练，临战时又要避免犯以下的毛病。

（1）遇到难题时举措失度。

在不同场合，谈判会遇上各种对手，碰到不同的情况，如职员的质询、公众的抗议、协作单位的矛盾与误解。有为一点小事纠缠不清的；有思路与众不同而令人难以解释的；还有故意寻衅挑衅的；甚至会碰到措辞刻薄的“生意人”。故而谈判者所要应付的局面、所要对付的局面和所要对付的人是五花八门的，难以预料的。因此谈判者自始至终应保持清醒的头脑，要有“猝然临之而不惊，无故加之而不怒”的气度。只要对方不是来肆意制造事端的，就应以礼相待，言谈举止和蔼可亲，这样有利于消除由于矛盾隔阂而产生的戒备心理，促使双方互相沟通，保证整个谈判过程始终洋溢诚挚、轻松的气氛。

最困难的谈判莫过于处在己方急于达成协议而对方却又没有诚意的时候。在这种场合下，谈判者切不可只想到自己有求于人而一味妥协、迁就，以致签订对自己利益损害太大的协议。这时应保持冷静，对于双方的利益关系做出透彻的分析，找出对手的致命弱点予以雄辩地揭示和申述，这样往往能使谈判的走向发生戏剧性的变化。

（2）缺乏信心。

在谈判中，特别是同强者的谈判中，缺乏求胜的信心，是不可能取得成功的。即使达成了交易，也必将付出巨大的代价。

成功的信念是人们从事一切谈判活动必备的心理要素。只有具备了成功信念的心理要素，才能使谈判者自身的才能得到充分展示，潜能得到充分释放。

（3）急躁鲁莽，缺乏耐心。

在谈判中，急躁鲁莽是难以把事情办好的，必须对客观事物的现象做出全面分析和理性思考，然后进行科学决策，这才是成功的奥秘所在。故此，必须保持耐心。

耐心是谈判桌上人们决定达到某种预期目标而产生的心理状态，它融于谈判者有目的、有意识的谈判言行之中，并且是与谈判者的认识、情感和现实环境紧密相联的。耐心既是一种心理战术，也是一种心理素质。在谈判活动中，耐心体现在人们追求利益目标的过程之中，如在谈判桌上遇到某些挫折而失去信心，或者对利益目标的追求缺乏勇气等，都不可能产生良好的心理状态。谈判人员的耐心必须通过周密地分析和科学地思考，并对谈判过程的每个环节、每个过程可能出现的问题做出合理预估与缜密安排，在充分阐述己方观点和材料的同时求得谈判对手的理解和配合，并努力促成谈判协议的产生。

（4）过于热心。

当与对方谈判时，很忌讳表现出你热衷于谈判的态度。如果对方看见你的热心和关怀会使他乐意和你交际，如果你过分热心的话，便容易暴露出你的缺点和愿望，所以还是让对方更多地来关心你比较好。

谈判者对于对方的提案，不要表现得过于热心。只要表现出感兴趣，也就会削弱你的谈判力量，因为你的目的是让对方自然而然地欢迎你而来。但是，如果我们的谈判力较弱，应该先缓和一下两者之间的冷漠感，直接与对方见面，努力营建双方亲切关系。

25. 不要轻易亮出自己的底牌

新手与客户谈判最常见的错误就是：把自己所有可能提供的优惠政策以及公司产品最底限的价格一口气告诉客户，然后等客户做决定。他们会等到什么呢？客户额外的、他满足不了的要求，或者客户“行，我了解了，想做的时候我就给你电话了”这样一句托词。

他能等到客户叫他去签单的通知吗？这几乎是痴人说梦了。

那么为什么会出现这个情况呢？说得残酷一点，把自己摆到如此被动的位置的，正是他自己。

当你过早亮出你的底牌时，就不要期望可以满载而归。

每个人都希望自己的利益可以最大化，客户也是人，当他感觉他还可以要求更多时，他当然不会放过机会而迅速地跟你签约。

谈判是相互妥协的过程，只有一方的妥协那不叫谈判。那样做也只能签出像晚清政府那种丧权辱国的条约来。

客户既然想跟我们合作，必然是因为我们的产品能满足他的需求。所以，不了解客户的需求而盲目地排出所有卖点，必然导致你的产品没有特点，没有特点也就没有任何竞争力。只要在这个市场上存在的产品，哪个不能说出一大堆卖点呢？没有卖点的产品就不会在市场上存在了。

以卖衣服为例，一个人如果关心的是品牌，那你只要告诉他，这件衣服是雅戈尔就足够了。他如果说某某牌子质量也不错，才多少钱，你只要问他，这么便宜的牌子，你穿得出去吗？如果他对时尚很敏感，那你就要大谈特谈这件衣服是哪位大师设计的如何如何。

就像做医生，你先要了解患者哪里不舒服，再分析原因，再跟他说明目前是什么情况，应该如何治疗，如果不及时治疗的话会有哪些后果。如果一个医生，患者刚进来，他就滔滔不绝地介绍某种药品，列出一大堆优点，肯定会把患者吓跑了。

成功的销售，就是让客户比你还着急地促成交易。

有时不妨手中留几张王牌，等到对手发动攻击时再亮出来。当然，这个方法只要点到为止，别用得过火，免得对手下不了台，恼羞成怒，导致反效果。运用的时机也颇为重要，反咬一口之际，千万要巧妙地引导，避免火爆的争辩场面。

只要事情没有演变到不可收拾的局面，就绝不要随便反咬一口，要让局面平稳下来，理性地讨论，不该以暴制暴，再燃战火。

26. 防止“多米诺骨牌”式的让步

谈判往往表现为种种妥协，而妥协实质上就是一种让步。在实践中如果对其运用不好，就有可能使对方得寸进尺。过于轻率地让步，会刺激对方的欲望，也会令对手怀疑自己的诚意。只有在充分磋商、反复斗争中才可做出有分寸的让步，而在此时自己的让步往往容易赢得对手的理解，也迫使对方采取同样的行为。因此，谈判者应牢记下列让步原则：

（1）开价较低的买主，通常也能以较低的价格买入。

（2）如果买主一次就做大笔金额的让步，会因此引起卖主对价格的坚持，所以买主在让步时必须步步为营。

（3）愿意以较低价出售的卖主，通常就会以较低的价格卖出。

（4）一次只做少许让步的人，结果也较有利。

（5）在重要问题上先让步的人，一般说来都会失败。

（6）如果把己方的预算告诉对方，往往能够促使对方快速地做出决定或协定。

（7）太快就完成交易，对于谈判的任何一方都不利。

（8）通常一次就做较大让步的人，容易失败。

有的谈判者在谈判过程中一再后退，连连让步，即使如此也未必能获得对方好感，更别指望赢得谈判。高明的谈判者都知道，为了达到自己预期的目的和效果，必须把握好让步的尺度和时机。至于如何把握只能凭谈判者的机智、经验和直觉处理，但这并不等于说谈判中的让步是随心所欲、无法运筹和把握的。

首先，明智的谈判者要避免谈判一开始就对对方的要求做出让步。对这些开局的要求就做出让步的谈判者，往往是那些处于非常虚弱的地位或者是渴望做成交易、尽快达成协议的一方，这种做法在谈判过程中要坚决地避免。

实际上，人们总是比较珍惜难以得到的东西，在商场上也是这样。对方不会欣赏很容易就得到的成功，太容易得到的东西他们不会太珍惜。所以，假如你真的想让对方快乐，就让他们去努力争取每样能得到的东西。在遇到对方固执己见的时候，你应当采取灵活的抵抗方式：先后退，继而倾听、思考，然后再逐渐地向前移动。除了不要太快让步以外，也不要太快便提供给对方额外的服务、允诺快速地送货、由己方负责运费、遵照对方的规格要求提供有利的条件或降低价格，等等。即使要做出让步，也不能做得太快。

切忌不要接受最初的价格。假如第一次出价高于自己的期望时，许多人常常会立刻接受。我们最好不要如此冲动地接受对方第一次出价，因为对方在第一次提出报价的时候，其实并没有想到就会以这个价格成交，他们是做好让步的打算的了。你这样快地接受他们的最初价格，非但不会令他们觉得满意，还会使他们有一种摸不着头绪的感觉，以为自己似乎出价太低或太高了。我若做什么事情，你将付钱给我，做出承诺是容易的，但对方却不一定遵守，签订合同只是规定双方的责任和权利而已，它尚不足以保证对方会履行责任。纵然事先约好：我作好某件工作，你就会给我一大笔钱，可是我的工作完成后，你不付款就跑了，合同所能给予我的权力只有诉讼了，但实际上这很可能是无法进行的，因为我根本无法知道你的行踪。

切忌不要轻易地做出和接受承诺，对方可能会履行，但也可能不会履行。如果在你让对方做出承诺时要使对方履行，就必须事先做调查，让对方知道，一旦他做出了承诺不履行是不可能的，并且让对方承认这点。一份仔细拟订的合同可以作为管理的基础，有些承诺虽没写下字据或没有法律支持，也要想法迫使对方履行。

总之，在任何一场谈判中，双方做出让步，从某种意义上说，已成为谈判双方为达成协议而必须承担的义务。我们劝诫每一位谈判者，你的让步应该是循序渐进、步步为营的，坚守每一个让步的阵地，不轻易地让步，不做无谓的让步，避免某一步让得过多过大。不管是怎样的让步，哪种形式的让步，都不要轻率地决定，你要努力让你每一次的让步都是有效用的、有回报的。

27. 避免谈判陷入无意义的争执

谈判之所以会脱离正轨，有各种各样的可能理由。说白了，也许不过是由于双方的谈判人员都很刚愎自用，各执己见不肯退让，以致陷入了他们之间的个人争执。作为分歧的开始，大多只是各持不同的观点，然后逐渐发展成双方或者说两人谁都不肯让出寸土的局面。

这时，两人所争的已不是相互谅解、共同努力、以达成最后协议，他们干的是在拼命想证明谁才是最高明的谈判人员。具有讽刺意味的是，一旦出现了这样的局面，他们所唯一能够证明的，却是这二位谁都不是合格的谈判人员，因为他们忘记了人家派他们来完成的任务——达成协议。

不管进行得是好是坏，谈判总是人来谈的。是人就必然有属于人这种高级动物的弱点。因此，即使是抱有最良好的愿望，真心诚意地在谈判桌前坐下来，也不可避免会遇到谈判人员与客户在个性上发生了冲突，或者其中一个觉得自己是被对方尊重得不够的情况。当发生了这样的事时，很有可能就是激动的情绪战胜或者说压倒了理性思维，于是谈判就钻进了一条死胡同。

避免发生这种个人争执局面的最好方法，就是预防。把你的全部精力都集中于所谈判的问题上，而不是谈判对手本人。这样有助于你把对手看成是你为达到你的某种目的的手段，那就是通过他做成你所要做的交易。因此，如果为此你必须哄着一个极端自负的家伙，你也必须那么去做。你为此在感情上所做出的退让，要比你在合同条件上所获得的对方让步，要值得多得多。

再从实践的角度看看这个问题，如果你发现谈判的气氛有点不对头，明智的办法就是暂时叫停。会谈暂时停一下，可使逐渐升温的敌意缓和下来。就其本身来说，谈判本来就是件操心费神的事，因此，气氛紧张是很容易出现的。这时多花点时间去吃午饭，很可能使人的心情放松下来。有时，明智的做法还可能是休会一天，甚至要求无限期休会。

如果你觉得将谈判停那么几天过于谨慎，那你就要求多停几天，但切记得找一个让人信服的理由作为借口。而且，这时你也无须向某人暗示是你被对方惹恼了。除了能使你得到心灵上的休息之外，休会还有第二个好处，那就是在暂停期间，可能会有外来的压力迫使你的对手安静下来，变得更理智些。如果你走运，还可能发生你谈判对手的上级会问他为什么谈判至今尚无结果。没有什么比他老板的这么一句毫不客气的话——“这到底是他妈的怎么搞的！”更能使你这位张狂至极的对手消火再快的了。

对付这种总爱拍桌子的自负狂的另一种办法是，请你的上司或某位中间人去与你对手的老板接触，告诉他谈判遇到了什么困难。当然，使用这种办法时，要求去与对方老板接触的人，必须是那位老板所尊重的。否则，人家会以为正是由于你而不是别人才使谈判遇到了困难。

如果谈判的冲突程度达到了极点，那么，唯一可能的解决办法就是一方或双方都更换谈判人员。但是，只要有一点可能性，这种解决办法还是应当避免的。因为这么办首先会使谈判拖长，已经谈过了的问题还得再谈一遍。如果只是一方换了人，那就等于告诉对方你们的谈判人员干得不好。所以，如果必须换人，还是双方都换为宜。

28. 谈判话题禁忌

每个参加业务商谈的人员都应当知道，并不是所有的话题在任何时间、任何地点都适合公开谈论的。

要成为成功的商业人士，就须懂得说话的分寸。以下是一些谈话的禁忌：

（1）自己的健康状况。

除了自己的亲朋好友，没有人会对他人的健康检查或过敏症感兴趣。

（2）他人的健康状况。

患有严重疾病的人，通常不希望自己成为谈话的对象。如果他回来工作，应像平常人一样待他，不要提起他所经历的病痛。

（3）有争议性的话题。

除非很清楚对方立场，否则应避免谈到具有争论性的敏感话题，如宗教、政治、党派等引起双方抬杠或对立僵持的状况。

（4）东西的价钱。

一个人的话题若老是绕着“这值多少钱？”“那值多少钱？”会令人觉得他是个俗不可耐的人。某人的房子、汽车值多少钱并不关其他人的事。

（5）个人的不幸。

不要和同事提起他所遭受的伤害，例如他离婚了或是家人去世等。

当然，若是对方主动提起，则须表现出同情并听他诉说，但不要为了满足自己的好奇心而追问不休。与刚刚遭受到不幸的人谈话，你最好是让他尽情宣泄。但如果不幸的主角是你自己，则在谈公事时应尽量不要插入自己不幸事件的话题，因为这将使人为难，别人不知道该如何表示同情。

（6）老生常谈或过时的主题。

那些会使人在心里想“又来了”的话题并不是好的话题。

（7）品位不高的故事。

黄色笑话在房间内说可能有趣，但在大庭广众下说效果就非常不好了。常说黄色笑话的主管会被认为是缺乏自信与能力的人，让人以为他只有用这种方式才能吸引别人的注意力。

（8）伤人的谣言。

工作中常有很多机会可以散布对他人前途不利的谣言。当你要开始谈论这些闲话之前请先思考一下：无论是“添油加醋”，还是这些内容可能都是真的，一旦说出口都会对他人造成伤害。一位能为属下辩护的主管应表现出领导者的风范，即使是一句“我认为这对他不公平”，都会令别人佩服、尊敬。如果要停止别人继续讨论这些闲话，可以准备一些有趣的话题转移大家的注意力。

29. 与不同类型客户谈判的禁忌

（1）迟疑不决的客户。

这种客户的心理表现为：无论做什么事，都喜欢自己做出决定，不想借助他人之力，他总是想一切根据自己的意志，凭自己的感觉来决定。他们头脑很好使，一旦对某事感兴趣，会考虑很多。其结果，也就是更加裹足不前。

对这种类型的客户，必须采取和蔼可亲的方法和他接近，绝不可以诉诸强迫。必须观察客人的反应（特别是非语言的），并掌握当时的气氛，与他保持一定的距离（心理上的，身体上的）。或者少说话，以行动来取胜。

同这种客户洽谈要禁忌：企图说服他，强迫他接受你的观点；在心理上和身体上过分地接近他。

（2）爱刨根究底的客户。

这种客户的心理表现为：我什么都知道。虽然不晓得自己是否真的什么都知道，而他却要装出一副无所不知的样子。这类客人认为：承认“不知道”就会被推销员看出弱点，有可能上当受骗。在其内心里，他存有“我才不那么轻易地被骗”的意识，或“我是什么都知道”的自信，以及“我比你能干”的优越感。

对于这种客户，绝对不要拿道理和他辩论。即使你在嘴巴上胜过他，但在买卖上却无法胜过他。最好闭嘴听他的道理，让他尽量地说，尽情地发泄，这样他就会感到满足，说不定你们之间会愈来愈投机。总之，最重要的是，你要切实采用接受性的对话随声附和方式，对于他的质问，只是简明地给予答复。

同这类客户洽谈要禁忌：有问必答；拿道理和他辩论，一较高低。

（3）顽固的客户。

这种客户的心理表现为：无论如何也要固执到底。顽固的客户一旦那样说了，是无论如何也不想退后一步的。面对这样的客户，虽然自认倒霉，但你仍要苦口婆心地说服他。可是，你越想说服他，他却更加固执地抵抗，不但不能达成协议，反而会造成不愉快。

对于这种客户，你不要奢望说服他。最好先做一位忠实的听众。这样一来，客户就会以为你已经接受了自己的想法，下一次就会有“应该多听对方说”的心情。再顽固的客人，在他心里也会有接受别人意见的愿望。所以，你必须耐心，等到对方听你的活为止。

同这类客户洽谈要禁忌：毫不顾忌地驳斥他的观点、企图压服他；缺乏耐心。

（4）高高在上的客户。

这种客户的心理表现为：你的嗜好和我不一样。这种心理，是“差别”的心理。也就是将对方和自己对照，借以使自己的存在达到优越化，并且寻求自我满足。这种心理的形成，大概和他的性格、经历有很大的关系。可是，这并不是说和对推销员的印象完全无关。如果他对你没有好感时，就会强烈地产生出“差别”的感情。

对这种不和气、自命清高且装模作样的客户，许多推销员都哀叹不能和他交谈或者开玩笑，对他毫无办法。但如果了解了他的德性，他就不是一个难于对付的人。

对于有点装模作样的客人，你要把他当作很高贵的人对待，不要轻易深入他的内心世界，而应以巧妙地维护其自尊心的方式——越谈越亲热的形式，与他结交。

同这种客户洽谈要禁忌：不尊重他，伤害他的自尊心；轻易深入他的内心世界。

30. 谈判进程中的禁忌

（1）导入谈判时的禁忌。

谈判类似演戏，在进入正戏之前要有段铺垫，或说像是体育比赛，赛前要有热身。这就是说，谈判开始的时候，一般不应该立即就进入实质性的问题。

一般来说，双方一见面，马上就进入实际性洽谈，这对谈判是相当有害的，应当视为禁忌。

为了使谈判成功，一开始需要建立一个融洽的气氛，而这又需要有一定的时间。因此，不能在洽谈刚开始不久就进入实质性洽谈。首先要花足够的时间，使双方协调一致——协调思想和行动。

洽谈开始时的话题最好是松弛的，非业务性的。比如，双方可以随便聊聊以下内容：会谈前各自的经历；应邀进行的游览；曾经到过的地方；接触过的人；体育比赛；个人爱好等等。这样的开场白可以使双方找到共同语言，为心理沟通做好准备。

（2）开场陈述的禁忌。

融洽的谈判气氛建立起来以后，正式谈判开始。第一位就是亮明自己的观点。一方在陈述，另一方则在摸底，反之亦然。这从对方第一次得来的正式信息，各自当然是很感兴趣的。不过，除了陈述者要忌讳冗长、拖沓以外，倾听方要切忌：试图猜测对方的立场；倾听者把精力花在寻找对策上；对对方的观点发表异议。

（3）开始正式谈判的禁忌。

在开始正式谈判的时候，谁第一个发言，哪一方占主导地位，时间如何分配，这些涉及权力的问题是非常敏感的。处理不好，可能导致整个谈判的失败，至少也会破坏谈判气氛。故而，要注意以下几点：

享受均等发言机会。至少，在双方尚未就需由某一方主导谈判这一议程达成协议之前，努力做到谈话时间与倾听时间基本相等。

提问与陈述要尽量简洁。在开谈阶段，双方要轮流做简短的陈述，切忌某一方滔滔不绝。

要乐意接受对方的意见。在开谈阶段，只要是合理、可行的，就应尽量同意对方的建议。通常，赞同对方的观点比反对对方的观点其效果会更好些。

要有合作精神。给对方足够的机会发表不同意见，提出不同设想。只要有可能，尽量多提些使双方趋向一致的问题；反复重申已取得的一致意见并不断予以加强。

在开谈时，当双方刚坐定，有必要采取措施，使会谈有一个轻松的开端。

如果大家已坐稳，并等待对方先开口的话，就需要有人出来带头讲话。

除非客人很快主动站出来，在一般的情况下，都是作为东道主的洽谈人员首先开场，比如说："我们可否先就会谈议程协商一下？"

31. 买卖不成时的禁忌

每一位高明的谈判专家都遭遇过失败。可以说，在谈判中，失败的比例大大超过成功的比例。所以，我们不得不研究万一最后谈判失败如何补救的问题。一般地说，双方若不能达成相当程度的圆满结果，也无须伤了双方和气。双方若是撕破脸，以后若有再谈判的需要，虽非不可能，但也要颇费周折，好事多磨了。双方好聚好散，可为双方关于长远发展定下一个积极的基调。此时千万不能意气用事，破罐子破摔，图一时之快，出言不逊，甚至恶语伤人以发泄自己的不满。

有些性格比较急躁的人在谈判趋于失败时常常无法控制自己的情绪，这时他们的本能就是辩驳、质问、发怒。许多毫无意义的事情往往就在这时发生了。如果你无法使谈判取得成功，但却最终获得争辩的胜利，它有什么意义？没有什么积极意义，大可不必动用你的"唇枪舌剑"，一笑置之最妙。所以，当谈判趋于失败的时候，你千万别向对手提出"挑战"，因为这时对手的心情也不会太好，这样做只能是双方撕破脸皮，扼杀双方以后合作的机会。这时不妨在那无关整体的细节琐事上做文章。一定要选择没有冲突可能的话题，通过幽默的语言来使双方放松，尽量使双方的怨气得到释放，保持双方的关系，为将来的合作留有余地。在谈判趋于失败的时候，你一定要自问，你批驳对方的欲望更多的是基于理智还是感情原因？如果是感情原因，诸如虚荣心、表现欲望或面子上下不来等，大可就此打住。其实，即使谈判失败的原因的确是由对方造成，我们也要尽量控制住自己。人无完人，孰能无过？我们向对方指明其所犯错误，但绝不能就此攻击对方的人格尊严。如果那样的话就同谈判的实质背道而驰了。

俗话说："不打不相识。""买卖不成仁义在。"一次谈判未能签订协议，但在友好、愉快的气氛中结束，那么就为下次再与同一对手打交道，奠定了基础，以后就会有获得好的结果的可能。这时，你应表现得坦然自若，不愠不怒。当看到谈判的僵局实在无法挽救时，你下一步要做的便是即使留不住人，也要留住谈判者的心。

言语中要表现大度、宽容、热情，使对方内心产生一种愧疚感，从而重敲谈判之门。例如，在许多年前的中日出口钢材谈判中，尽管我方提出了合理的报价，经过反复磋商，仍未与日方达成协议。眼看谈判要不欢而散，我方代表并没有责怪对方，而是用一种委婉的口气，向日方道歉："你们这次来中国，我们照顾不周，请多包涵。虽然这次谈判没有取得成功，但在这十几天里，我们却建立了深厚的友谊。协议没达成，我们不怪你们，你们的权限毕竟有限。希望你们回去能及时把情况反映给你们总经理，谈判的大门随时向你们敞开。"由于我方代表的宽容气度和热情的招待，日方谈判代表非常感动。回国后，他们经过反复核算、多方了解行情，认为我方提出的报价是合理的，后来主动向我方抛来"绣球"。在中日双方的共同努力下，第二次谈判终于取得了圆满成功。

我方谈判成功的诀窍，便是充分利用对方谈判者的感激心理，在第一次谈判失败的情况下，不责怪、冷遇对方，而是施以情感投资。因为他们认识到了如果不这样做，重开谈判之门也让你关死了。当对方拒绝达成协议的时候，我们可以这样说：

“应该给您留一段充分的考虑时间，我们尊重您的这一权利。”

“我们充分理解到您所被授权限是有限的。希望您在向上司汇报之后，能跟我们再次坐在谈判桌旁。”

“占用您这么长时间，实在不好意思。希望我们以后长期合作。”

“谈判虽然没谈成，但我们会珍惜这段时间所建立的友谊。”

如果在谈判中，对方因为一些原因发火，这时你最应该做的就是能保持良好的心态，等对方冷静下来之后，他一定会认识到你为谈判成功所付出的努力，从而使新一轮的谈判成为可能。

第二编

取 势 篇

“势”就是主动权，“取势”就是谈判者如何掌控谈判进程、把握与客户谈判的主导权。本部分三章内容，旨在帮助谈判者学会察势、顺势、造势，因势利导，左右逢源，使谈判沿着自己希望的方向发展。

第四章

掌握谈判开局的主动权：抓住与客户谈判的先机

开局阶段是指谈判准备阶段之后，与客户进入面对面谈判的开始阶段。在这一阶段中谈判者把握了谈判的主动权，就能赢得先机，为谈判目标的实现奠定良好的基础；反之，则可能陷入“一招落后，满盘被动”的局面。

32. 轻松入题

谈判入题语言或开场白是谈判人员与客户见面时，前两分钟要说的话，这可以说是客户对谈判者第一印象的再次定格（与客户见面时，客户对你的第一印象取决于衣着与谈判者的言行举止）。虽然经常讲不能用第一印象去评判一个人，往往我们的客户却经常用第一印象来评价您，这决定了客户愿不愿意给您机会继续谈下去。

开场白的目标是迅速建立一种情景，让客户愿意坐下来仔细聆听，同时愿意针对一个话题进行对话，使你自己的期望与客户的期望衔接，让客户打开话匣子，了解客户的需求状况。

在谈判人员即将开始正式谈判时，气氛往往比较紧张、严肃，谈判人员往往焦虑不安，尤其是谈判新手在比较重要的谈判中更是如此。采用恰当的入题技巧，有助于消除紧张气氛和尴尬心理，使谈判在轻松自然的气氛中进行。入题通常有以下几种类型：

（1）感谢客户接见你并寒暄、赞美。

（2）从题外话入题。

题外话内容很多，一般包括：

有关天气或季节的话题；

有关热点新闻的话题；

有关社会名人的话题；

有关嗜好、兴趣的话题；

有关衣、食、住、行的话题；

有关健康的话题；

有关出门旅行的话题；

有关流行话题；

对对方有利的话题。

（3）从“自谦”开始入题。

自谦在谈判开局时常常用到。例如对方在己方地点谈判，则可以谦虚地表示各方面照顾不周，向对方表示歉意。或者由主谈人介绍自己的经历，谦虚地说明自己缺乏谈判经验，希望通过谈判，学习经验，建立合作、友谊关系。

（4）从介绍己方谈判人员入题。

谈判负责人可以适当介绍己方谈判人员的姓名、经历、学历、年龄、业绩等等。这样，既打开了话题，消除了紧张气氛和不安心理，又得以使客户了解己方谈判人员的基本情况。

（5）从介绍己方的生产、经营、财务状况等入题。

提供对方一些有关生产经营的资料和基本情况，显示己方雄厚的财力和良好的信誉，赢得客户的信赖。

在面对面的谈判中，说好第一句话是十分重要的。客户听第一句话要比听以后的话认真得多。听完第一句话，许多客户就自觉不自觉地决定是尽快打发对方还是继续谈下去。因此，谈判者要尽快抓住对方的注意力，才能保证谈判的顺利进行。

33. 握手与名片使用技巧

在与客户谈判中，见面和离别时一般都以握手作为友好的表示。握手的动作虽然平常简单，但的确在增进双方亲密感方面起着不可或缺的作用。

（1）握手的主动与被动。

一般情况下，主动和对方握手，表示友好、感激或尊重。谈判者应先伸出手去握客户的手，以表示尊重和感谢。当然，在异性谈判人员之间，男性一般不宜主动向女方伸手，以免让对方为难或出现被拒绝的尴尬场景。

（2）握手时间的长与短。

谈判双方握手的时间，以三至五秒为宜。握手时眼睛要看着对方，不要游移不定。

（3）握手的力度与握手者间距离。

握手时，一般应走到对方的面前，不能在与他人交谈时，漫不经心地侧身与对方握手。握手者的身体不宜靠得太近，但也不宜离得太远。两只手互握时用力的大小，经常表示感情深浅的程度。

（4）握手的面部表情与身体弯度。

握手者的面部露出自然的微笑，通常可以起到加深情感、加深印象的作用；握手时身体上肢稍微前倾，保持适当弯度，是表达敬意的一种方式。

名片是人们交往结识的工具，它的作用在于向对方介绍说明自己的身份，便于以后通信联络，建立交往的关系。在与客户谈判和使用名片时要注意以下几点：

（1）递名片。

首先，谈判者在会见客户前要把名片准备好。名片放在易掏取的口袋或皮包内，不要把自己的名片和他人的名片或杂物混在一起，以免使用时手忙脚乱或掏错名片。

递交名片要用双手或右手，名片的正面要向着接受者。递交时要目光注视对方，微笑致意，可顺带一句“多多关照”等寒暄语。

递送名片还要把握递送的时机。递送名片的时机可以在见面之初或根据谈判者与客户双方关系的发展来确定。有两个做法可以参考：

一是和对方交谈得比较融洽时，对方表示愿意和你建立联系的意思，这时要不失时机地递上名片。

二是在握手告别时可以顺手取出名片递给对方，表示再次相会和进一步交往的意愿。这样会加深对方的印象，促进双方的交往。

（2）接名片。

接受名片时要恭敬面带微笑。双手接过名片，一定要认真看一下对方的姓名，并郑重地放入自己的口袋或名片夹内。千万不要一眼也不看就随便放在桌上，这是很不礼貌的。看名片时要说句类似“认识你很高兴”的客套话。

34. 化解对方的疑虑和戒备

如果一名汽车推销员来拜访你时，你一定会首先想到："这家伙又来向我推销汽车了。"

如果他是一名优秀且颇具名气的推销员，你一定更会认为他向你推销的不是名牌就是价格昂贵的汽车。

某先生拥有一部旧车，性能已经很落后了。于是，这一阵子便有许多推销员来推销汽车，使他感到不胜其烦，自然造成他重重防御的心理。只要推销员一上门，他就会想："这些家伙又来了，我绝不会上他的当。"

由于这些人为了推销他们自己的车，不是说你这部老爷车早已破旧不堪，实在有失你的身份；就是说你的车已经换过太多的零件，还不如将这些费用购置一部新车更划算。

这些话多么不堪入耳啊！所以，只要一见到他们，他心中就起反感。

某日又来了一名中年汽车推销员，他直觉的反应就是："这家伙定是来推销汽车的，我绝不上他的当。"

可是当那位推销员一看见他的汽车便说："你这部车起码还可用上一年半载的，现在就换车的话，也太可惜了，我看还是过一阵子再说吧！"说着便递了张名片给他径自离去。

听他这么一说，这位先生顿时感到自己的整个防御心理崩溃了。接着，他马上按照名片给那位仁兄拨通了电话，结果如何可想而知。

因为这位推销员的做法太出乎他的意料，完全违背了他最初的预期，所以在这种得不到期待的情况下产生的空虚感使他很自然地投降了。当然，此刻这位先生已是十分乐意地向推销员购买新车，因为他的防御心理完全被瓦解了。

一个人处事往往具有在相信别人的同时抱有“防人之心”的心态。谨慎而固执的人多持不信任别人的态度，并以这种心态来左右自己的行为。他并非没有相信别人的意念，只是更希望人家能开诚布公地和他坦诚相见。对于这类人，就得事先对他设计一套理由：“你这么做，不但对自己有利，而且对他人也是有帮助的。”一番晓以大义，方能将他说服，使其消除疑虑和戒备。

比如，一位买卖宝石或毛皮的推销员对一个正在犹豫不决的主妇说：“你如果买下这些东西一定会给你添光增彩，而你的先生也会更喜欢你。”这句话的含意是你这么做并非全是为了自己，同时也为了你的先生。这样，她必定乐意解囊买下。假如此时能更进一步地说：“即使你买了它，若想脱手也能高价卖出，一点也不亏本，这样对于你的家庭又何尝没有帮助。”对方一听说没准会认为她购物也是为了家庭等。

可见，在商场对付举棋不定的主妇，最好的方法就是对她说：“为了您先生”等类的话语，这样将大大有助于把货品推销出去。不信的话，不妨一试。

35. 营造良好的谈判气氛

不同的谈判气氛，对于商务谈判是有影响的。首先，它可影响商务谈判的发展方向。一种谈判气氛可以在不知不觉中把商务谈判朝着某种方向推进。如热烈、积极、合作的谈判气氛，会把商务谈判朝着达成一致的协议方向推动；而冷淡、对立、紧张的谈判气氛，则会把商务谈判推向更为严峻的境地，甚至导致谈判失败。

其次，它会影响谈判人员心理、情绪和感觉，从而引起相应的反应。如不加以调整和改变，就会强化这种气氛，影响商务谈判的成败。

总的来说，热烈、友好、积极、建设性的谈判气氛有着诚挚、合作、轻松和认真的特点。所谓诚挚，就是有要达成交易的迫切愿望，有同对方做成生意的诚意。合作，就是双方为实现各自的目标，相互配合，相互支持。轻松，就是双方谈判者处于不拘谨、不对立、应付自如的状态。认真，就是以严肃负责的态度，积极主动地搞好商务谈判，力争交易实现。

在约定的时间，如果我们迟到，心中难免感觉自己稍落下风，而不易推进自己的话题；相反的，若是自己先对方而到，心中便会有充裕的感觉，较对方具有优越感。越是遇到对方是位难缠的人，则越有这种心理倾向。

如果一开始就占优势则必影响你整个事件的顺利推进，所以遇到这种交涉场合时，最好是比对方早到，以置对方于你的优势之下。

实际上，从双方走到一起准备洽谈时，洽谈的气氛就已经形成了，而且一旦延续下去，以后很难改变。因为这时热烈或冷漠、合作或猜疑、友好或防范等情况已经出现了；行动已经表现出不是轻松便是拘谨；谈判的形式也已经确定——谁发言、说多少；双方的策略已经明细，甚至已达到知己知彼的程度。

创造谈判气氛的关键取决于谈判双方人员刚接触的瞬间所采取的方式和态度。形成洽谈气氛的关键时间是短暂的，甚至是极为短暂的，可能只有几秒钟，最多也不超过几分钟。有经验的谈判人员，常常以热情友善的方式来创造谈判气氛，或者互致问候，或者主动问问对方的一些情况，或者抓住对方成员中自己曾认识或接触过的熟人先打招呼，并主动站出来为双方的初次见面做一番热情洋溢的介绍，叙说旧情，等等。这些方式远比简单的寒暄效果好。

在谈判过程中气氛会有所发展。但是，在洽谈之初建立的气氛是最关键的，因为这种气氛奠定了洽谈的基础，其后虽然会有变化．但不会明显地朝着积极的方向发展（当然也会有特殊的情况。比如，当双方有了明显的分歧，经过共同努力之后建立新的洽谈气氛，这也是可能的。可是在开始阶段，我们还不期望出现这种分歧）。

当然，洽谈气氛不仅受最初几秒钟发生的事情的影响，而且还受到双方见面之前预先接触，以及洽谈中的接触的影响。开始时建立起来的良好洽谈气氛也会恶化。我们必须在整个洽谈过程中采取积极的措施，防止这种情况的发生。

创造谈判气氛绝非是做“表面文章”。友好热烈的气氛有助于谈判的顺利进行。因为在谈判开始的瞬间，谈判人员大脑的活动十分活跃。首先是外部刺激信号的接收，即对方走进谈判场所的情景、目光、姿势、手势、动作、态度、语气、声调等都会对谈判人员的大脑产生影响；其次是对这些信号的反应，比较典型的情况是谈判双方或某一方会表现出对谈判感到紧张、信心不足、猜疑，甚至是防范心理。所以，在谈判开局时，每个谈判人员都要把自己看作是谈判环境的一部分，做好充分的思想准备，巧妙地以恰当的信号刺激对方接收信号，争取在短暂的时间内创造出积极、融洽的谈判气氛。

36. 三种开局技巧

（1）协商的开局方式。

所谓协商就是共同商量以便取得一致意见。在谈判中，各方就洽谈程序、议题以及具体内容等相互协商；补充和发表双方一致的观点和意见，有助于创造良好和谐的气氛，使双方忘掉彼此的争执，愿意去做你建议他做的事，从而在愉快友好的气氛中将谈判引向深入。

运用协商开局技巧，可以简单地运用婉转而友好的问话，例如：“我先简单介绍一下我们公司和产品的基本情况，这不会占用太多时间，您看这样可以吗？”“我想首先和您商量一下今天洽谈的议题，您的看法如何？”协商开局技巧也可以贯穿开局谈判的始终，从而把开局谈判自然地引向实质性谈判。

（2）坦诚直率的开局方式。

坦诚是谈判所提倡的。但在谈判中，坦诚直率也会冒风险，它有时会被对方利用而逼迫您让步。尽管如此，坦诚直率仍不失为一种好的开局技巧。坦诚直率不但可能把对方想知道的情况坦诚相告，而且还可以站在对方的立场上设想并回答一些问题，同时，还可以适当透露己方的某些动机和真实想法。运用坦诚直率的开局技巧，是获得对方好感和信赖的好方法，人们往往对肯真诚透露信息的人有亲切感。它还能满足听者的自我意识感和权威感，有助于谈判的深入。它还有利于提高谈判效率，节约谈判时间，避免不必要的矛盾和纠缠，从而取得预期的谈判效果。

例如，一个经济实力较弱的小厂与一个经济实力强的大厂在谈判时，小厂的主谈人为了消除对方的疑虑，向对方表示：“我们摊子小，实力不够强，但人实在，信誉好，产品质量符合贵方的要求，而且成本较其他厂家低。我愿真诚平等地与贵方合作。我们谈得成谈不成，这个‘小兄弟’起码可以与你们这个‘大兄长’交个朋友，并向你们学习生产、经营及谈判的经验。”这样的肺腑之言，不仅可以表明自己的开局意图，而且可以消除对方的戒心，赢得对方的好感和信赖，这无疑会有助于谈判的深入进行。

（3）冲击式开局方式。

一般来说，谈判各方都希望谈判开局的气氛是轻松、和谐、平等的。但是在商务谈判的某些场合也会有异常的表现。比如，有的谈判人员自恃经济实力强，企业规模大，开始就表现出冷漠、傲慢，所谈话语无不以居高临下之势百般刁难对方；有的利用手中的紧俏商品或对方急需的原材料来卡对方的脖子，甚至伤害对方的感情等。对于这种情况，谈判者一方面要正视它，另一方面，可以用巧妙的手段来对付它。冲击式技巧就是可以利用的一种手段。

例如，一位客商利用某企业急需他们原料且濒于停产之机，大肆抬高交易条件，并且出言不逊，伤害该企业谈判人员的感情，诋毁该企业的名誉。在这种情况下，如果该企业的谈判人员一味谦恭，只能适得其反，助长对方气焰。该企业谈判人员在谦恭、退让之后，突然拍案而起，采用了冲击式技巧。他指责对方道："贵方如果缺乏诚意，可以请便。我们尚有一定的原料库存，并且早就做好了转产的准备，想必我们今后不会再有贸易往来，先生，请吧！"由于谈判双方已经投入了一定的人力、财力，这种冲击式的表达技巧，产生了应有的效果，促使对方终于坐下来开始了真诚的谈判。

值得指出的是，在谈判中这种技巧不在万不得已的情况下，不可随意采用，而且应该是在不至于导致谈判彻底破裂的情况下采用。即使采用，也不要给对方的行为定性或批评其动机，更不能有失礼节，进行人身攻击，来伤害对方的感情。因为这样于事无补，也无法扭转局面。谈判者要尽可能地避免情绪性的对立。

37.从客户关心的话题开始，学会吊对方胃口

设置悬念又称“吊胃口”。它利用听者的好奇心理，先说出发人深思或出人意料的现象、结论，设置“关卡”又秘而不宣，让听者自我猜测和思考后才加以分析并和盘托出真情。

有一次，桂林的一位导游带了一个旅游团到北京参观北海公园，他指着九龙壁对游客说：“我知道大家的眼力非常好，可是你们能看出哪条龙身上有块琉璃是假的？时间只给两分钟。”

游客们惊奇地“喔”了一声，高兴地跑到九龙壁前仔细辨认。他们东瞧瞧，西看看，走近跑远，有的说这块，有的说那块，众说不一，大家都纷纷跑回到导游身边，请他揭开谜底。

在大家的注视下，导游指着一条白龙的腹下说：“就是这块。”游客们定睛一看，齐声喊道：“原来是块木砖。”接着便纷纷提问：“这是怎么回事？”“它是哪年换的？”“皇帝为什么没发现？”

这时，吊住游客们的胃口的导游，才提高嗓门把九龙壁的年代、建筑艺术和“木砖”轶事详细讲了一遍。

试想，若是导游先说了九龙壁的历史、建筑艺术，再说木砖的轶事，那么游客们也不一定对它感兴趣；而相反，他先通过提问道出九龙壁假砖的趣事，吊起游客们的胃口，从而紧紧攫住了游客的心。

心理学研究证明：人们总是比较珍惜难于得到的东西。

买主不会欣赏容易得到的成功。所以假如你真得想让对方快乐，就让他们去努力争取每样能得到的东西。除了不要太快便让步以外，也不要太快便提供给对方额外的服务，允诺快速的送货、由己方负责运费、遵照对

方的规格要求，提供有利的条件或者降低价格。即使要做这些让步，也不能做得太快。千万不要轻易让步而令对方从容取胜。

38. 观察不同客户性格和心理特征

“人心不同，各如其面。”每一个人由于性格、环境、成长的经历不同，故绝难找到一个想法、见解完全和自己一样的人。与人谈判时，拥有上述概念是非常必要的，所以说：“要看人说话”。在这之前，必须了解对方的背景和特性。一般来说，了解对方的背景应从以下一些方面着手，即：性格类型、学历、生活的时代背景、生活方式、衣、食、住、行、语言、嗜好、消费倾向等。能在与对方谈判之前仔细研究、分析一下对方的背景资料，对你的谈判是大有助益的。

每个人的嗜好、想法都不一样，所以我们经常会遇到的对手也是各不相同的。与人谈判时，倘若能够明白对方属于何种类型，应付起来就比较容易了。现在列举几类人的情况，并提出可供参考的对策。

第一类：死板的人。这种类型的人，就算你很客气地和他打招呼、寒暄，他也不会做出你所预期的反应来。他通常不会注意你在说些什么，甚至你会怀疑他听进去没有。遇到这种情况，你就要花些工夫仔细观察、注意他的一举一动，从他的言行中，寻找出他所真正关心的事来。你可以随便地和他闲聊，只要能够使他回答或产生一些反应，那么事情也就好办了。接下来，你要好好利用这一话题，让他充分表达一下自己的意见。因为每一个人都有他感兴趣和关心的事，只要你稍一触及，他就会开始滔滔不绝地说起来，此乃人之常情，所以你必须好好掌握并利用这种人的心理。

第二类：傲慢的人。有些人自视清高、目中无人，时常表现出一副“唯我独尊”的样子。像这样举止无礼、态度傲慢的人，实在叫人看了生气，是最不受欢迎的类型。但是，当你不得不和他接触时，你应该如何应对呢？应对这种类型的人，说话应该简洁有力，最好少跟他啰嗦，多说也无益。同时，你要尽量小心，以免掉进他的圈套里。当然，每个人都有自己的立场和苦衷。这种类型的人也可能自觉“怀才不遇”，或怨恨自己运气不好，无法早点出头。因此，我们只要理解或者同情他，而不必理会他的傲慢，尽量简单扼要地谈判就是了。

第三类：沉默寡言的人。和不爱开口的人交涉，实在是非常吃力，因为对方过于沉默，你就没办法了解他的想法，更无法得知他对你是否有好感。对于这种人，你最好采取直截了当的方式，让他明确表示出是或不是、行或不行的态度，避免迂回式的谈话。你不妨直接地问他：“对于A和B两种方法，你认为哪种较好？是不是A方法好些呢？”

第四类：深藏不露的人。这种人不肯轻易让人了解其心思，有时甚至说话不着边际，一谈到正题就“顾左右而言他”。双方进行谈判，其目的在于了解彼此情况以使任务圆满完成。因此，必须经常挖空心思去窥探对方的情报，使对方露出他的“庐山真面目”。必要时，可以把自己预先准备好的资料给他看，或提供某些信息诱使对方表态。

第五类：草率决断的人。这种类型的人，乍看好像反应很迅速。他往往在谈判进行至最高潮时，忽然做出决断，给人以“迅雷不及掩耳”的感觉。由于这种人多半是性子太急，有的时候为了表现自己的“果断”，决定就会显得随便而草率。这种类型的人，经常会因为他的“反应”太快而对事物产生错觉和误解。其特征是：没有耐心听完别人的谈话，往往断章取义，却自以为做出了聪明的决断。和这类人谈判时，你可以把谈话分成若干部分，说完一部分之后，马上征求他的意见，而不要一下子用完所有的筹码。争取能够利用对方的冒失，以最小的付出赢得最大收益。

39. 先投石问路，再步步为营

投石问路是一种策略。运用这种策略，谈判者可以从客户那里得到通常不易获得的资料，从而做出更好的选择。这个策略一般是这样运用的。

假设一个谈判者要购买两千件衣服供给全国的销售网络。于是他要求卖主分别就二百、二千、一万和二万五千件不同数量的衣服来估价，一旦卖主的标价单送来，敏锐的买主就能从标价单中得到许多资料了。他可以估计出卖主的生产成本、设备费用的分摊情况、生产的能力、经验丰富与否以及价格政策。因此买主能够得到比购买二千件衣服更好的价格。

谈判者要求卖主对于他所不需要的数量加以估价，这是投石问路的策略，它是取得资料的好方法。

人们在购买东西时，经常运用“投石问路”的策略。通过以下一些问题往往能够达到这样的目的：

（1）假如我们的订货数再加倍，或者减半价格如何呢？

（2）假如和你们多签订一年的合同呢？

（3）假如我们将保证金减少或增加呢？

（4）假如我们自己提供工具呢？

（5）假如我们要买好几种产品，而不只购买这一种呢？

（6）假如我们让你在淡季接下这项订单呢？

（7）假如我们自己提供技术援助呢？

（8）假如我们要分期付款呢？

任何一块“石头”都能使买主更进一步了解卖主的商业习惯和动机。

此外，还有一种方法叫试错印证法，即在与对方的合作中有意地犯一些错误，比如念错一个字，或者用错词语，或者把价格算错、报错，这样诱导对方表态，然后再根据对方的表态借题发挥，最后达到目的。例如，假设我们是卖方，对方是一个对数字很敏感的财会人员，在产品罗列之后，故意地不把其中的 1000 元钱加到总价里边，少 1000 元钱，对方作为一个很谨慎的财会人员，很容易发现这个错误。他发现价格便宜了 1000 元钱，觉得有空子可钻，就会希望在我们还没有发现这个错误之前，尽快达成协议。

然后，利用他的这种贪小便宜的心理，在达成协议之前，我们可以把这个错误的数据拿给领导看。然后告诉对方少算了 1000 元钱，对方可能会赖账，这时候可以跟他说，这是我的权限范围，少算了 1000 元钱，如果不承认，就从我的工资里扣，除非再去找领导申请，看他能不能同意便宜一些，但是不可能 1000 元钱全优惠，要不然就得从我工资里扣。人一般都有同情心，他不会希望从工资里把钱扣出来，他会同意你去找经理谈，实际上他的精力都集中在我们故意犯的这个错误上，而忽略了大局，这样会使谈判很容易成交。

利用以上方法去探测竞争对手谈判的底牌，在此基础上步步为营，谈判者就可以掌握谈判进程的主导权。

40. 先声夺人策略

先声夺人的谈判策略是一种在谈判开局中借助于己方的优势和特点，以求掌握主动的方法。它的特点在于“借东风，扬己所长”，以求在心理上抢占优势。

例如，20世纪70年代，我国从国外引进了三套年产三十万吨合成氨化肥大型机械设备，但在使用中发生了转子叶片断裂的事故。于是一场索赔——主要是借助从技术上论证说理的谈判开始了。谈判双方争执的焦点是：叶片的强度够不够？为此，外方在谈判的起始就紧扣主题，以其专家头衔的优势，居高临下，侃侃而谈，不时地运用国际机械权威特劳倍尔教授的理论和意见，断言只要把断裂的叶片顶部稍加改进就可以了。为了支持他们这一观点，随即拿出三份有关事故设计计算书和分析报告，并强调其中一份是由公认的国际机械权威特劳倍尔教授亲自审核签字的。这种在谈判一开始就亮出王牌的谈判手法即是典型的先声夺人策略。此种以专家头衔和国际理论权威来威慑对方的方法，确实产生了一定的效果。

先声夺人谈判策略是一种极为有效的谈判策略，但运用不适当会给对方留下不良印象，有时也会给谈判带来副作用。例如，有些谈判者为了达到目的，以权压人，过分炫耀等，会招致对方的反感，刺激对方的抵制心理。因此，采用先声夺人的“夺”，应因势布局，顺情入理，适当地施加某种压力也是可以的，但必须运用的巧妙、得体，才能达到“夺人”的目的。

对付先声夺人的策略是先在心理上不要发怵，要敢于与对手争锋，但不要拘于一招一式的高低。在关键性的问题上应“含笑争理”，次要性问题可充耳不闻，视而不见，先声夺人的“造势”策略便不攻自破了。上述谈判案例外方所持的王牌，是国际公认的权威理论，涉及中方索赔成败的关键性问题。为此，中方谈判主谈人当仁不让。首先肯定了特劳倍尔的理论，并认为双方的观点都没有背离这一理论，既然对方以权威开路，不妨以其矛攻其盾，也用权威的理论为自己服务；其次，依据自己对这位权威理论的透彻了解指出，理论上的解决并不等于工程问题的解决；再次指出，叶片的计算仍然是错的；最后，中方谈判人员说："根据你们带来的计算书，也用你们的数据，按特劳倍尔教授的公式计算，叶片的强度仍然不够。"至此，外方谈判者不得不承认叶片断裂是强度不够造成的。中方谈判人员以"魔高一尺，道高一丈"的气势，使对方手里的王牌失去了先声夺人的作用。

41. 冲对方"软肋"下手

俗话说：吃柿子拣软的捏。谈判桌上运用此招，威力无穷。

我们都知道谈判时分析把握对手弱点的重要性。事实上，谈判所能达到的最高层次就在于分析把握对手弱点。成功的谈判者也是一位擅长分析和抓住对手弱点的人，似乎已是众所周知的事实。

分析对手"软肋"的过程要避免主观臆测。臆测几乎总是会引你远离你的真正目标。所以，你要尽力避免对你的对手做臆测。例如，不要臆测他想用面部的表情或眼光的接触来做过多的推测。有时候臆测可能是正确的，不过最好是尽可能避免，因为臆测在大多数情况下是错误的，是谈判的障碍，所以不要妄下判断，而要保留对对手的评断，直到事实彰明、证据确凿。注意摈除自己的偏见，纵使自认为思想最无偏见的人也不免心存偏见。所以要诚实地面对、承认自己的偏见，并且聆听对手观点，容忍对方的偏见。要养成做笔记的习惯，做笔记不但有助于发现对手弱点，而且使自己更专心所谈论的话题并有效取悦对方。如果有人重视你所说的话并做笔记，你不会受宠若惊吗?

使用自己的话语查证对手，是把主要利益用自己的话表达。只有运用此方法，你才能真正找到对手的弱点。

分析对手弱点并不只是双方自说自话。为了分析对手弱点，谈判者之间必须相互传达资讯。谈判中有一半是你要提出的论点。这些论点的提出，必须简单明了，合乎逻辑，思考周详。另一半是分析对手弱点，也就是把“探察信号”传达给你的对手，观其反应。要达到此目的，你必须聆听。只有聆听，你才能学会去了解对方，找到对手弱点，并决定如何做才能最有效地把握对手弱点。

把你们的谈话当作乒乓球比赛，而不是保龄球比赛。在乒乓球比赛里，两位球员互相影响、互相作用、互为牵扯。但是在保龄球比赛中，两人各自打球，其中一人打球时，另一位仅是等待和旁观。谈判时千万避免保龄球形式。另外谨记简单原则，使用简单易懂的常用字。仔细分析对方的状态：端详对方的脸、嘴和眼睛，集中注意力于对手的外表。这能帮助你发现对手弱点，同时，能完全让对手相信你在聆听。

谈判就像是享受美味的牛排大餐。从牛排中获得最大享受和最大好处的方法：一是把牛排切成容易处理的小块；二是细细咀嚼这些肉块；三是吞吃；四是消化。如果你谈判也同样采用这四个步骤，你就能走上成功之路。

分析对手弱点就是“切牛排”的过程，这道理并不难理解。的确，分析对手弱点并不容易，但在旗鼓相当的相持中创造机会才是你的工作，要达此目标的最好先做好通盘计划。如果你环顾四周，你会了解最有效的谈判并不是最机智的谈判，而是最简明的谈判。简明地提出论点并不意味着你很简单，而是意味着你对对手弱点了然于心，并能准确地把握。

所以，不管你运用怎样的战术，你必须了解他们的心理弱点，根据对手心理弱点采取对策。要避免触犯对手心理禁忌。你的成功取决于你分析对手弱点的能力。不善于分析对手弱点的人，也就相当于那无法把牛排切成可嚼碎块的人。这些人切成的牛排块太大了，最后不得不卡在自己的喉咙里。

第五章

蓄雷霆万钧于不动声色之中：抓住谈判进程的主导权

谈判过程往往瞬息万变，一分钟前双方还是和颜悦色，谈笑风生，转眼间就可能横眉立目，电闪雷鸣。那么，怎样才能在与客户谈判中趋利避害，防止谈判误入歧途呢？这就需要谈判者有高屋建瓴的视野，从容不迫地把握着谈判方向，关键时刻，妙语解人，以高超的技巧“四两拨千斤”，牢牢掌控谈判进程的主导权。

42. 善用沉默

任何谈判都要注意实效，要在有限的时间内解决各自的问题，有些谈判者口若悬河、妙语连珠，总能在谈判的过程中以绝对优势压倒对方，但谈判结束后却发现并没有得到多少，交易结果令人失望，与谈判中气势如虹的表现不相匹配，可见在谈判中多说无益。

在谈判过程中，有时候善于运用沉默，而不是说话，更能让你赢得主动；运用面部表情而不是声音，向客户传达看法，往往是非常有效的。谈判专家托尔曾提出了运用沉默让你成为最佳谈判者的五个秘诀：

（1）多听。倾听不是被动，它反而可以用来控制谈判全局。如果我们真的懂得倾听，我们会赢得对方的信任与信心。鼓励对方说话，他会告诉你他的需要、他的计划；简单说，就是他会提供信息给你。我们如果认真听对方说话，外加适当的眼神，会让他觉得自己很重要。问题在于，我们多数人没办法沉默下来听对方说什么。我们总是在计算什么时候要插入开始说话。你该记住的是，一旦我们开口，就会让我们暴露在危险中。

（2）十秒钟策略。沉默让我们不自在，因为我们随时都暴露在声音当中，不论是手机铃声、茶水间的八卦，我们所处的环境无一处是安静的。做一个实验：下次进行谈判时，对方若说："嗯，这是我的提案！"试着在十秒内不说一句话，你会发现对方一定忙着提出更多的意见与信息。沉默让大家都受不了。

（3）提问题。学习沉默，有一个很好的方法是提问，这也是成功谈判的秘密武器。提问的人其实才能掌握对话的局面。谈判时，若你事前做了功课，你一定可以预测对方的答案是什么。让对方说话只是让你进一步确认你的讯息，对方会因此更信任你。

不过，若你遇到的情况刚好相反，当对方提问时，你怎么办？其实你没有非答不可的义务。你仍旧可以保持沉默，对方非常可能跳进来开始说话。成功的谈判专家，遇到真正不想回答的问题时会这么说："在我回答这个问题前，请先告诉我为什么这么问？"切记，你不一定得回答任何问题。

（4）在对话的过程中增加停顿的次数。最近有一项研究，一群科学家在听交响乐的乐章中，若有一、两秒的中断，会搅动科学家的脑内活动。喜剧演员也会告诉你，停顿的安排是成功的关键。因此，如果你是说话很快的人，就要刻意学习在对话中适当的停顿。

（5）皱眉、耸肩与微笑。这些动作绝对会传达强烈的信息，就像你保持沉默一样。譬如，耸肩表达你不在乎、没有兴趣。微笑传达的信息是强烈的神秘，它让对方开始猜疑。

谈判高手都了解，你没说的部分力量更大。下一次进行谈判时，运用这些技巧，看看沉默能为你带来什么。

43. 故布疑阵

故布疑阵技巧是指谈判一方利用向对方泄露已方虚假信息的手段，诱人步入迷阵，从而从中谋利的一种方法。这些手段主要有故意在谈判室或走廊上遗失你的备忘录、便条或文件夹，或者把它们放到对方容易找到的纸篓里，有时还让第三者打来让谈判对手相信的虚假电话。

故布疑阵技巧主要利用了对方想获取有关已方谈判秘密内容的心理，不露痕迹地向对方泄露所谓的秘密材料，陷对方于假象之中。一般人的心理是，由间接途径或偶然得到的消息比直接得到的信息更可信任，更有价值。

故布疑阵技巧通常的做法有：提出某个含糊不清而又不太重要的问题加以讨论；将一个本来很简单的问题复杂化，把水搅浑；提供一些详细琐碎的资料，使之成为对方的负担；节外生枝，另辟战场，以此来分散对方的精力；改变计划，突然提出一项新建议，使每件事情又得重新做起；问东问西，答非所问，故意装糊涂；借口资料丢失，必须凭记忆把它们汇集起来，从而偷梁换柱，篡改数据或其他内容。这样做的目的都在于干扰对方，打乱对方的阵脚，以便乘虚而入，达到目的。

在大多数人的意识中，由间接途径得到的信息，常常被认为比正式公开获得的资料更可信赖。因此，对方丢失的备忘录、遗忘的便条等常被认为是真实情况。同样是这些资料，如果是在谈判桌上直接递交给对方，对方一定不会感兴趣。如有位承包商得到了一个大型建筑项目的承包合同，他需要把其中的大部分工程转包给其他较小的承包商。

当然，在转包的过程中他肯定要千方百计压低承包价格，以保证自己获得尽可能多的利润。按惯例他应该采取招标的方式。有意思的是，每当有投标者来拜访他时，都会很意外地发现在写字台边上有一张手写的竞价单。对于这一“意外”的发现，投标者暗自庆幸。他们看到这张竞价单，表明只要他出更低的价格，就有中标的可能，却不知这张竞价单是主人有意放在那里的。主人借故离开几分钟就是要让那些精明的投标人来窥探虚实。结果，每个投标者都“自觉”地按照那位承包商的意图行事了。

有经验的谈判者在谈判中常常采取故布疑阵的策略，有意向对方传递导致他判断错误的信息，施放一些烟雾来干扰对方，使对方的计划被打乱或接受误导，使谈判对其有利。

当然，要实现故布疑阵的目标，最重要的一点是要做得一切都合乎情理。否则，被对方识破真相，就会落个聪明反被聪明误的结果。不管你的资料是真是假，能够使对方深信不疑的最佳办法，便是故意把机密泄露给他。所谓的机密，对于己方只不过是一些无足轻重的或者虚假的诸如备忘录、便条、文件等信息。你可以把这些东西遗忘在走廊中，或者把它们放在对方容易发现的废纸堆里。不过要注意，运用这种策略需要两个条件：一是为对方创造获取机密的有利条件；二是使对方相信并惊喜，因为无意中得到的情报对他们太重要了。

像军事上的秘密计划常常在战场上死去的军官身上发现一样，谈判一方会对获得的另一方有意暴露给他的便条等认真分析，逐条研究。因为他们相信，关于对手的这些确切信息确实来之不易。

此策略必须以上述两个前提条件为保障，两者缺一不可，否则便没有成功的把握。

故布疑阵技巧尽管运用巧妙，但也存有破绽。所以破解它的方法如下：

（1）谈判者应具备高超的观察力和应变力，在关注对方一举一动的同时，洞察其举动的真实意图，并据此制定灵活有效的应对策略；

（2）要用心收集和准备充足的谈判资料，以便在对方故布疑阵时，以不变应万变的态势对待，以免落入对方设下的圈套；

（3）若掌握对方急切与我方达成协议，且我方已胜券在握，可间接揭露对方此策略的真实目的，指出在谈判中故意出差错是非常不合道德的，不利于双方今后的合作。

44. 学会引导话题

人们在紧张的心理状态下时，突然被揭示另一方向的话题，是很容易把注意力转移到另一方去。

某些国家的国会质询问答时，经常可以看到这种场面：被某党议员们严厉追问的另一政党的议员们，不慌不忙地、轻易便将话题移开："关于这件事，正如先生所言，的确非常有道理，但是，暂且先谈刚才那个提案……""正如您所言，这是非常重要的问题，所以稍后调查再做报告，在这之前先……""这些宝贵的意见且先搁置，我们换个角度来看……"，就这样巧妙地转移的主题。诱导至利于自己的结论的答辩方向确实有很多办法，这也可称为一种"转移话题法"，在谈判要走向不利于自己时恰当地转换话题。

人们在处于非常紧迫的心理状态时，无意中若被提示另一方向的一句话，不知不觉中就会把注意力倾向另一方去，这在越是紧张的场面越能发挥效果。

据说骗取了大量金钱的骗子们，在被催还钱时便会圆滑地把话题转移到下一个赚钱的话题中，从而诈取更多的钱财。这种伎俩乍看好像只适合欺骗小孩子，但是当对方语气尖锐地逼问时，或是当对方热衷追问某一件事时，却意外有效，可以在转瞬间就转移了对方的心情。

比如：小孩子吵着要玩具，大人不知怎么办时，突然指着天空说："快看飞碟。"那么就可以转移孩子的注意力。有人把这个称为"对话中的飞碟战法"，这也是十分符合心理学的一种高明手法。

作为这种战法的变化，"待会儿再说""或许稍微离题了，但……"等平和地转移话题的方法也有，比如：在谈判或会议中，想要使自己的主张或意见通过时，以转移话题法插进一句相关语，便可以使人附和自己的话，而且使用这种手法的话，对方便会毫无抵抗地接受。

话题中有些禁忌不得不注意，不然会招致对方的不快、反感甚至勃然大怒，使谈判陷入僵局。

（1）不要针对某一项话题刨根问底，穷追不舍。

（2）不要追问对方私事、家庭情况。商务谈判必要的寒暄和问候是应当的，但如果一味追问对方"芳龄几何"或"老婆叫什么"，肯定会令人厌恶和难堪，尤其是女士，最好不要问她的年龄。

（3）各人的思想、观点不同，对政治、宗教的看法也大相径庭，如果挑起此类话题，争执起来难免要伤和气，还是不谈为妙。

（4）对于自己比较擅长，且引以为骄傲，时常挂在嘴边的内容，也尽量避免涉及。如果谈及这类事情，自己不免沾沾自喜，眉飞色舞，再过一会儿就忘乎所以，滔滔不绝了。一者对方对此毫无兴趣，如听天书，难免厌烦；二者如果对方工于心计，投你所好，再说下去无异自投罗网，正中对方圈套，所以还是少说为佳。

45. 学会示弱与糊涂

四百年前，培根指出，和一个荒谬的人谈生意是不会有好结果的。他发现和愚笨无知的人打交道非常困难。同一个犹豫不决、愚蠢琐碎、蛮不讲理而又顽固不化的人打交道，会被弄得筋疲力尽、垂头丧气，不知如何是好。最后只好主动让步结束这笔生意以解除痛苦。

抓住人们怕和“傻子”打交道的心理，以“无知”为武器来争取谈判的胜利，是一种可供利用的谈判技巧。这种战术既可以麻痹对方，考验对方的决心和耐性，又能争取到足够的时间来回避对方所提出的尖锐问题，而从容地思考和向专家请教。斯宾诺莎说“无知并不是证据”，但“无知”在谈判中却可以成为一种厉害的手段。如果一个买方对你说“我不管你们的情况，我什么也不知道，我反正只有这么多的钱，我只能出这个价，不能再多了！”你会发现你遇到了一头驴子，而和驴子讨价是徒劳的。另一方面，如果一个卖方说：“我是个大老粗，不懂什么成本分析。我只知道大家都是卖这个价，少一分钱也不能卖”。那就休想向他询问有关成本的问题，而原来所收集的资料数据，专家分析等都会不起作用。如果急于成交的话，也许就只好按他的出价来办。但如果知道对方不过是在假装糊涂，是在施行一种策略，那最好不要自生烦恼，可以冷静地思考对策。例如在价钱问题上，如果买方坚持只有那么多钱，表示一分钱也不能多付，这时可以答应，但是从数量或质量上打折扣；如果卖方坚持一分钱也不能少卖，买方也可以坚持只有这么多钱，一分钱也不能多给。如果有足够的决心和耐心的话，就会发现当问题真正触及对方利益时，“牛”也会成知音的。

要保持清醒的头脑，善于示弱和假装糊涂，同时不被假装糊涂者所欺骗，对每一桩谈判和每一宗贸易都要弄个明明白白，一清二楚，以防上当。

46. 学会火力侦察

所谓火力侦察法就是先主动地抛出一些试探性的话题，观察对方的情绪、态度等，然后再根据对方的反应判断虚实。

现实生活中我们常常看到，有些人高兴起来一掷千金，生起气来就会一毛不拔。显然，同一个人情绪不同，对同一件事可以做出完全不同的反应。

谈判者受情绪的影响在所难免。谈判中，谈判者要随时留心对手的心境，在你认为适当的时候提出相应的问题。

例如，客户心境好时，常常会轻易地满足你所提出的要求，还会变得粗心大意，很容易暴露态度。此时，你抓住机会，提出问题，通常会有所收获。

有些谈判者在提问时往往操之过急，对所提问题本身没有进行充分的思考，凭一时冲动脱口而出。这种提问常常不是显得冒失，就是提问者自己前言不搭后语，让客户不快。在这种急切的心情支配下，谈判者自己会变得急躁，从而失去谈判中应有的审慎态度。因此，谈判者在提问后应该给客户以足够的时间答复。同时，自己也利用这段时间对客户可能的答复以及下一步的提问进行必要的思考。

谈判中提问，谈判者应明白问题的边界性。谈判中，双方都有各种各样的问题。同时，不同的问题也存在着内在联系。因此，提问时，如果是围绕着某一事实，那么提问者就应该考虑前后几个问题的内在逻辑关系。不要正在谈这个问题，忽然又提一个与此无关的问题，使客户无所适从。同时，这种跳跃式的提问方式也会分散谈判客户的精力，使各种问题缠在一起，没办法理出头绪来。你这样提出的问题客户当然无法圆满回答。

因此，火力侦察就是抛出“炮弹”，对准“敌人”，就像打仗一样，先把炮弹打过去，敌人一旦跑出来了，就暴露出他们的位置。

47.如何运用后发制人法

在谈判中，我们有时会遇到某些不好应付的对手或比较棘手的难题，而自己又缺乏足够的准备。如果我们坚持主动进攻，企求获得先机之利，往往会欲速不达，弄巧成拙。因此，在这种情况下，有经验的谈判者往往会采用后发制人的策略，即先安于谈判的被动地位，留给对手以充分展示的机会，也不急于反驳或申辩，尽量创造良好的交流合作气氛，并同时纵观全局，思考对策。在避过了对方的锋芒之后，抓准机会，借题发挥，步步为营，有理有节地扩大成果，最终达到成交的目的。

“后发制人”是一种反攻的战术，它要求谈判人员在谈判初期不急于攻击对方，直到时机成熟，对双方形势了如指掌的时候，再集中力量攻击对方的弱点。它最大优势就是能做到“有的放矢”，因为你已经有很明确的“目标”，知道对手“最薄弱”的地方在哪里。在谈判中，如果你没有占上风的地位时，就必须具有“后发制人”的心理准备。

运用后发制人法应掌握如下要领：

（1）在谈判之初，根据对方极力想表现自己、阐述观点、争取主动的心理状态，尽量多听少说，耐心倾听对方的发言。遇到不明白之处，有礼貌地请对方加以复述或解释并适当地予以应和。这样做的目的，既是要满足对方的心理需求，创造良好的讨论气氛，也是为了有充分的时间去察言观色，分析形势，透彻地了解谈判对手的谈判宗旨、实际需求、谈判作风类型、个性特点和其他有关的资料、信息，以便有针对性地制订相应的谈判对策。

（2）为了更好地赢得对方的信任、理解与合作，在认真聆听时态度要温和谦逊，要尽量从对方的立场去了解、理解对方所要阐述的东西，当对对方的目的、顾虑、需求有了一定的理解时，不妨找个适当的机会从正面的角度简要地陈述一下自己对对方观点的概括和理解（理解并不等于同意），给对方一个“知音”、通情达理者的印象，以便增进对方对自己的好感，从而更乐于与自己合作。

（3）在全面、准确地把握了对方的观点、要求之后，先充分地肯定对方谈话中的合理因素和我方所能接受的意见，表达自己对达成协议、友好合作的信心，然后抓住双方在重要问题上的意向差距，有的放矢地引用有说服力的先例或谈判桌上的惯例，说明对双方利益都能合情合理地兼顾到的折中方案。在这一过程中，尽量利用对方曾说过的某些话来说出自己要表达的意思，使对方难以反驳。

（4）如果双方的分歧意见比较多，切忌不要一下子全部列举出来，因为这样容易使矛盾激化。对有些相对来说不太重要的问题，可以采取暂时回避的办法，不予正面反对，而集中力量抓住关键问题，以提出建设性意见的方式去温和地表述，力求使对方始终感到我方的目的不在于执意地强求什么，而在于探讨对双方合作最有利的方案是什么。

48.洞察客户心理的艺术

洞察力在心理学上是作为观察力、注意力来研究。人们在这里之所以称为洞察力是强调在实际生活中的观察注意力，经验起着十分重要的作用。一个具有很强洞察力的人，会对外界事物进行深入细致的了解，掌握最可靠、最直接的第一手资料，更好地实现谈判目标。

尽管洞察力在一个人所处的环境中是这样重要，许多人在商战中却缺乏应有的警惕性，特别是一些中高层管理人员。原因在于他们太过于在意自己的想法，而无法去倾听别人说什么。他们过于沉湎在自己的思考中，顾不上或注意不到别人做的事情。这在某种程度上大大地影响了谈判的效率，影响了谈判者预测的准确性。

在多数的商业场合或贸易谈判中，谈判对手是不会轻易让你了解事情的真实情况，甚至一些表面现象与实际正相反。这就需要运用你的洞察力，观察注意从他的言谈举止中偶尔流露出来的真正自我和真实信息，更清楚地了解对方的真实意图。

敏锐的洞察力并非意味着过于匆忙地下结论和对一些微不足道的小事反应过激，更不是捕风捉影，无中生有，而是通过对对方言行举止的观察，分析和探询他内心世界的真实意图，以确定自己的下一步和行动。比如，会谈的一方到另一方拜访，如果对方沏茶倒水招待你，并认真归拢桌上物品，坐正姿势，下意识地身体前倾，双腿并拢，认真地望着你，那么，这表明他准备认真与你交谈；而对方靠在椅子上，全身放松，一副无所谓的样子，那么，你最好不要打算谈什么实质问题。当然这只是一般情况，有时还要具体问题具体分析。如果对方是你的老朋友、知交，那么也可能出现上述状态却并不影响你与他谈些重要内容。但要指出，几乎任何有效的观察，是除了你看到、听到的以外，还要对整个情况做一个全盘思考和推敲。

有助于锻炼人们洞察力的一点就是积极倾听。因为你在讲话时，很少注意到别人的表情，更无暇顾及对方内心在想什么。而当你倾听时，就可以仔细地、专注地听他讲的同时，猜测他的内心世界，发现他的真正用意或言外之意。

49. 调控情绪的技巧

当一个人感情激动时，其头脑就难以清醒。实验证实他会歪曲事实、只捡那些最符合自己感情需要的话听。当他恐惧时，他看别人也像害怕；当他伤心时，别人也显得难过；当他生气时，看别人也像生气。易动感情的人常会不再顾及事实。

两千年前，亚里士多德就说过这样的话：在强烈情感的支配下，我们易于受骗。受恐惧影响的懦夫和受心爱人影响的恋人，都有这样的幻觉：只要有极微小的相似，懦夫就认为看见了敌人，恋人也看见了他心爱的情人。

与此类似，当一个人正在生气或者受任何一种强烈愿望的影响时，他就很容易受骗，这种感情越强烈，受骗的程度就越深。情感是把双刃剑。它能显示你的真情，也能把你扭曲，甚至对一笔好交易你也觉得难以忍受。有时人们因感情原因而陷入僵局。如果是在冷静状态下，这些原因本不应该导致这样的结果。但是往往悔之晚矣，这笔交易再不能破镜重圆了，他们为不冷静付出了代价。

参与商场活动，要想成为胜者，有时也要装装样子，即使再强大，必要时也要佯装示弱，抛出假象，让对手在得意之中失去心态平衡，导致对你谦让，接受你的条件。这是一条绝妙的防卫术，可以使你战胜对手，渡过难关。谈判术之一，就是要诱导对方心理情绪平衡，并且让对方承认自己所说的话是对的。

克服情绪激动的最好办法是冷处理。当你变得烦躁时，谈判将蜕变为争论。能在压力下保持沉着的人会被高看，人们称这种人为“可尊敬的人”。当气氛变得使人容易激动时，通过集中讨论事实而不是动感情，可使问题明朗化，换个方式表述他人的意见，能说明你了解了他的观点。你越坚持合理的方式，就越不易引起他的激动。

谈判中的情绪冲动是有害的。一个人在十分激动的时候，容易感情用事，为偏见所蒙住眼，并往往拒绝中肯的劝告，而接受荒唐的煽动。因此，被感情支配的人很容易受骗上当，造成在交易中的失败。因而，谈判者在谈判中要保持冷静的头脑，不管客观上面临多大的干扰，也要稳定情绪，坚持自己既定的谈判方针。

然而，善于调控情绪的谈判者并不总是一味压抑自己的感情，只是不会使自己的情绪失控。聪明的谈判者还善于利用自己的感情，甚至通过自己情绪的爆发给对手制造压力，从而达到谈判目的。

不应该故意进行情感表演。要注意有些人表演是为了传送他们没有准确自我把握的情感，另外一些人又善于掩饰紧张的感情。你要敢于去怀疑它并冷静地处理它。在降低你的要求和愿望之前要了解清楚，要意识到你的谈判对手中有许多出色的“演员”。

50. 限定策略

在商务谈判活动中，实力强的一方常常会利用谈判中的有利地位，采用限定策略。因为在这种情况下，对方特别担心谈判破裂，一旦破裂，对方损失最大。限定可以是多方面的，应根据谈判的具体情况而定，通常有限定谈判范围或谈判时间。表达限定内容时，态度宜委婉、真诚，采用征询式口吻更好，比如："由于我们最近业务很多，请您们谅解，这次谈判是否安排在明日下午四时结束，以便能赶上班机返回，想来你们一定会支持。"又如："为抓紧时间，这轮谈判我建议是否对成交价格进行磋商，如果能取得一致意见，其他问题就容易解决了，你们不会不同意吧。"这样在对方心理上，能产生一定压力，可避免对方采用拖延或迂回战术，造成一种对我方有利的谈判环境。

限定策略中，规定时限的谈判策略很多，它是指谈判一方向对方提出的达成协议的时间限期，超过这一限期，提出者将退出谈判，以此给对方施加压力，使其无可拖延地做出决断。事实上，大多数贸易谈判，特别是那种双方争执不下的谈判基本上都是到了谈判的最后期限或者临近这个期限才出现突破并进而达成协议的。最后期限带有明显的威胁性。每一个交易行为中都包含了时间因素，时间就是力量，时间限制的无形力量往往会使对方在不知不觉的情况下接受谈判条件。

当谈判中出现以下情况时，可以选择运用规定最后期限策略；

（1）对方急于求成时，如对方采购自己生产急用的原料等。

（2）对方存在众多竞争者时。

（3）我方不存在众多竞争者时。

（4）我方最能满足对方某一特别主要的交易条件时。

（5）对方谈判小组成员有意见分歧时。

（6）发现与对方因交易条件分歧大，达成协议的可能性不大时。

选用规定最后期限的策略，目的是促使对方尽快地达成协议，而不是使谈判破裂，因此运用时必须注意以下几点：

（1）所规定的最后期限能给对方可接受的余地，即最后期限的规定是由于客观情况造成的，无理的、给对方来不及思考的最后期限常会导致谈判策略的失效。

（2）所规定最后期限必须是严肃的，尽管该期限将来是可以更改或作废的，但到最后期限到来以前，提出最后期限的一方要表明执行最后期限的态度是坚决的。

（3）在运用规定最后期限的同时，可以向对方展开心理攻势，做一些小的让步来配合，给对方造成机不可失，时不再来的感觉，以此来说服对方，避免因“规定最后期限”给对方形成咄咄逼人的气氛，使双方在达成协议的态度上更加灵活一些。

（4）在言语上要委婉，既要达到目的，又不至于锋芒太露。

（5）拿出一些令人信服的证据（诸如国家的政策，与其他客户交易的实例或国际惯例，国际市场行情的现状及趋势以及国际技术方面的信息等），让事实说话。

（6）给予对方思考、议论或请示的时间，这样一来，有可能使对方的敌意减轻，从而降低自己的条件或不太情愿地接受你的条件。

51. 苏格拉底诱导术的运用

古希腊哲学大师苏格拉底在谈话时善于设置各种“意向引导”，和他谈话的人不知不觉就陷入了其逻辑轨道，并最终不得不赞同其观点。给顾客各种各样的“意向”，会使他的态度变得积极。“意向引导”在买卖交易中的作用力很大，它能使顾客转移大脑中所思考的对象，产生一种想象。这样，就使顾客在买东西的过程中变得特别积极，在他们心中也产生一种希望交易尽早成交的愿望。

“意向引导”的一切行动都是你安排的。但在顾客看来，一切都是按照自己的设计，一直到交易成功之后，他都以为自己占了便宜。这其实正中你的下怀，这在心理学上，被称作心理暗示作用。

你在谈判时，一开始就要做充分的准备，向客户作有意识的肯定的暗示，使他们一开始就走进你的“圈套”。例如：“我们公司正在实施一项新的投资计划，如果你现在进行一笔小小的投资，过几年后，你的这笔资金就足够供你的孩子上大学，到那时，您再也不必为您的孩子的学杂费发愁了。现在上大学需要那么高的费用，再过几年，更是不可想象，您说，那会怎么样呢？”

当然，你对他们进行了如上的各种暗示之后，必须给他们一定的时间去考虑，不可急于求成。要让你的种种暗示，渗透于他们心中，使他们的潜意识接受你的暗示。

如果你认为已经到了探询顾客是否购买的最佳时机，你就可以立刻对他们说：“每个父母都希望孩子接受高等教育，望子成龙、望女成凤这是人之常情，不过你是否考虑过，怎样才能避免将来经济负担过重。而对我们公司现在就进行投资，则完全可以解决你的忧虑。你认为如何？”

顾客的讨价还价，会使你们的洽谈的时间加长。这时，你必须耐心地、热情地和他们进行商谈，不断强化自己的意图，直到买卖成交。

下面是一位卡车推销员和一位买主的对话：

卖主：“你们需要的卡车，我们有。”

买主：“多少吨位的？”

卖主：“四吨的。”

买主：“我们需要的是两吨的。”

卖主：“你们运的货每次平均是多重？”

买主：“一般是两吨左右。”

卖主：“有时多些，有时少些，是吗？”

买主：“是的。”

卖主：“究竟需要哪种型号的车，一方面要看你的货是什么，另一方面要看汽车是在什么路上行驶，对吗？”

买主：“是的，不过……”

卖主：“如果你的车在丘陵地带行驶，加上你们那儿冬季时间较长，汽车承受的压力是不是比正常情况下大些？”

买方：“是的。”

卖方：“你冬天出车的次数比较多，是吗？”

买方：“是的。”

卖方：“货物太多，又经常在冬天的丘陵地带行驶，汽车是不是经常处于超负荷状态？”

买方：“你说得不错。”

卖方：“你在决定购车时，是否也应该留有余地？”

买方：“你的意思是……”

卖方：“你觉得选择一辆车最重要的因素是什么？”

买方：“当然是它的使用寿命啦！”

卖方：“一辆车总是满负荷，而另一辆从不超载，你看哪辆的寿命长呢？”

买方：“当然是马力大、载货量多的那辆啦！”

经过这番讨论，买主改了主意，决定多花钱买一辆四吨卡车！

在此，高明的谈判者用的正是倡导认同的力量，这种力量使人身心轻松，愿意与你合作。关键是要诱导得法，要抓住对方的需要，表达要浅显，更重要的是结论要让对方自己主动得出。这就是苏格拉底诱导术的妙用！

第六章

他强由他强：如何化解客户的攻势

在谈判中，谈判者可能会遇到各种类型的客户，其中当然包括“难缠”的“钉子户”；谈判人员在形形色色的谈判中也随时可能陷入客户或对手的攻势之中。此时应该如何应对？一味地硬碰硬，以蛮横对霸道，可能会使谈判陷入僵局，无果而终。金庸武侠小说中武林秘籍《九阳真经》中有一段话：“他强由他强，清风拂山冈；他横任他横，明月照大江。”这段话对我们同客户谈判是有启发的。很多时候，柔能克刚，静可制动——当然，前提是我们要掌握化解客户攻势的各种技巧与谋略。

52. 让问题快速得到回答

17 世纪英国哲学家培根曾经说过：“谈判是发掘事情的一个过程。”双方提出许多问题，由对方回答，对方或许会陈述意见，或许会做各方面的反驳，可是在面临难题的时候，就难以提出快速的陈述及有意义的回答了。大多数的人由于缺乏良好的独立思考能力，回答问题就如同驾车回家一样，不经仔细考虑。

要想作较好的答复是可能的。也许当你发现，只要稍做准备就能提高处理问题的能力时，你定会感到惊奇。首先，最重要的事情是预先写下对方可能提出的各种问题。在谈判之前，自己先假设一些难题来思考，考虑的时间越充分越好。

以下的建议，在对付那些试探的买方上，或许能提供帮助：

（1）回答问题之前，要给自己一些思考的时间；虽然让问题得到快速的回答能表现出你的自信、对业务的熟悉，但不经过大脑的回答可能会比迟迟不答产生更大危害。在快速回答问题之前要知道：在未完全了解问题之前，千万不要急着回答；有些问题并不值得回答。

（2）有时候回答整个问题，不如只回答问题的某一部分。

（3）逃避问题的方法是：顾左右而言他。

（4）以资料不全或不记得为借口，暂时拖延。

（5）让对方阐明他自己的问题。

（6）倘若有人打岔，就姑且让他打扰一下。

（7）谈判时，针对问题的答案并不一定就是最好的回答，它也可能是愚笨的回答，所以不要在这上面花费工夫。

回答问题的要诀在于知道该说什么，以及不该说什么，而不必考虑所回答的是否对题。谈判并不是上课，很少有“对”或“错”那么确定而简单的回答。

通常，当人们想要小心回答的时候，会有一些常用的词句可以为你提供一些帮助。一个谈判者遇到难题的时候，他可能会使用这样一些言语：

（1）请你把这个问题再说一次。

（2）那要看……而定。

（3）你必须了解一下历史的渊源背景，那是开始于……

（4）在我回答这个问题以前，你必须先了解一下详细的程序……

（5）对我来说，那……

（6）那不是“是”或“否”的问题，而是程度上“多”或“少”的问题。

（7）你必须了解症结之所在，并不是你说的情况导致了这个后果，比方说……

53. 应对客户的反对意见

设身处地地站在客户的立场上想一想，你就会明白，当你认为客户意见正确的时候，你也不愿意当场说出。

一些谈判者在形势不利时，还想继续说服客户，往往会抬高嗓门说话，其结果却适得其反。说话声音太大，人家会认为你在掩盖自己的心虚。另外，声音大说话的速度就快，给客户的印象是你准备把这次不顺利的谈判草草收场，一走了之。

实际上，如果真得对自己的意见充满信心，那么说话的声音反而会压低。当客户听到低沉而缓慢的讲话时，会感到这种语调是具有说服力的。情人之间认真地说起重要的话题时都是悄声细语的。电视剧里的人求爱时总是声嘶力竭地大喊，而现实生活中没有人会这样做。同一个“爱”字，低声表达，则富有真实感，如果大声高喊，别出心裁，就会说这个人“有毛病”。

在谈判桌上想说服对方的时候，谈判者说话还是小声一些为好。这样做客户会感觉出谈判者有重要的事情要商量，气氛便严肃起来。假如谈判者并没有准备足以说服的材料，也能靠降低说话的声调令客户感觉到话里透着自信。

在与会者你一言我一语争吵不休时，谈判者故意压低声音，会场的气氛会顿时严肃起来。大家都停住自己的争议，专心听谈判者到底有什么意见。由于散乱的情绪集中到了一点，谈判者掌握了整个谈判的主动权。

还有，谈判的客户为了在心理上处于优势，往往搬出一些专用词汇和外来语来虚张声势。搬弄这些市场专用语、科学和法律方面的术语是为了摆出一种挤兑你的态度："这些词，你不懂吧。"如果这些都在客户所学的专业范围内，则当别论，但大多数场合他只不过看了一点儿这方面的书现学现卖而已。如果是这种情况，谈判者可以把它当成一个很好的机会。

54. 疲惫技巧

疲惫技巧是指在通过拉锯战使对方疲劳、生厌，以扭转己方在谈判中的不利地位，到了对手精疲力竭时，己方反守为攻，促使对方接受己方条件的一种策略。

在商务谈判中，实力较强一方的谈判者常常咄咄逼人，锋芒毕露，表现出居高临下、先声夺人的气势。对于这种谈判者，疲惫技巧是一个十分有效的应对技巧，其目的在于通过许多回合的疲劳战，使趾高气扬的谈判者的锐气逐步地消磨，同时使我方的谈判地位从不利和被动的局面中扭转过来。到了对方精疲力竭、头昏脑涨之时，我方则可乘此良机，反守为攻，抱着以理服人的态度，摆出我方的观点，力促对方做出让步。

心理学研究表明，人的心理特点及其素质有很大的差别。例如，在性格、气质方面，人人不同。而人们个性上的差异，又使人们的行为染上其独特的色彩。一般而论，性格急躁、外露，对新鲜事物乐于挑战的人，往往缺乏耐心和忍耐力，一旦其气势被压住，自信心就会丧失殆尽，很快败下阵来。而遏止其气势的最好办法就是采取“马拉松”的战术，攻其弱点，避其锋芒，在回避与周旋中消磨其锐气，做到以柔克刚。

疲惫技巧可以从以下几个方面运用：

（1）连续紧张地举行长时间的无效谈判，拖延谈判和达成协议的时间。

（2）在谈判中使问题复杂化，并不断提出新问题进行纠缠。

（3）在谈判中制造矛盾，采取强硬立场，或将已谈好的问题推翻重来，反复讨论。

（4）在谈判间隙，举行投对方所好的活动，使对方保持浓厚的兴趣，直至疲劳。

（5）热情、主动地利用一切机会与对方攀谈，甚至在休息时间拜访对方，使对方缺少必要的休息。

我们可以看这样一个关于疲惫技巧运用的实例：某项目谈判，双方谈判安排的内容很多，早、中、晚均工作，一口气十多个小时，直至次日凌晨 4 点钟达成协议，合同成交。一方只顾高兴，且因疲劳未做具体成交后双方交易内容的认定工作，另一方却仔细检查了成交时己方的得失。直到签约后，当时未做检查的一方才通知另一方，在货单中有 3 台设备的价格未计入交易总价中。另一方则认为：“成交时是双方让步的结果，既然未从货单中抹去，或将其价计入总价之中，应认为是降价条件，是成交的前提。”同时强调：“已达成协议签约，此内容已通报有关各方，不宜改动，否则将引起误会，于信誉不利。”经过双方坦诚、反复磋商，最后仅计入漏掉货物价格的一半，另一半作为“学费”。

这个例子是成功运用疲惫技巧的案例。在运用中还要注意，要求我方事先有足够的思想准备和人力准备。在谈判刚刚开始时，对于对方所提出的种种盛气凌人的要求采取回避、周旋的方法，暗中摸索对方的真实情况，寻找其弱点，采取柔中有刚的态度。有时，即使我方在驾驭谈判局面变得有利起来，占了上风，也不能盛气凌人，不可一世。采取这一技巧最忌讳的就是硬碰硬，应防止激起对方的对立情绪，导致谈判夭折。运用疲惫技巧时，需征得对方同意你欲采用的日程表，不能强迫加班，强加于人，否则亦无效果。另外，运用这一策略也是一种“拼命”行为，己方人员，尤其是主谈人身体条件应能适应。这种策略运用之后，必定有复核的工作，决不能图省事，再疲劳也必须坚持复核。

55. 拒绝有道

谈判中的拒绝，说是“技巧”也好，“艺术”也好，是指拒绝对方时，不能板起脸来，态度生硬地回绝对方；相反，要选择恰当的语言、恰当的方式、恰当的时机，而且要留有余地。这就需要把拒绝作为一种手段、一种学问来探究。下面介绍几种商务谈判中常见的拒绝技巧：

（1）问题法。问题法就是面对对方的过分要求，提出一连串的问题。这一连串的问题足以使对方明白你不是一个可以任人欺骗的笨蛋。无论对方回答或不回答这一连串的问题，也不论对方承认或不承认，都已经让他明白他提的要求太过分了。

例：在一次关于某种农业加工机械的贸易谈判中，中方主谈面对日本代表高得出奇的报价，巧妙地采用了问题法来加以拒绝。中方主谈一共提出了四个问题：

①不知贵国生产此类产品的公司一共有几家？

②不知贵公司的产品价格高于贵国某品牌的依据是什么？

③不知世界上生产此类产品的公司一共有几家？

④不知贵公司的产品价格高于某品牌(世界名牌)的依据又是什么?

这些问题使日方代表非常吃惊。他们不便回答也无法回答。他们明白自己报的价格高得过分了。所以，设法自找台阶，把价格大幅度地降了下来。

所以运用问题法来对付上述这种只顾自己利益、不顾对方死活而提出过分要求的谈判对手，确实是一副灵丹妙药。

(2)借口法。现代企业不是孤立的，它们的生存与外界有千丝万缕的联系。在谈判中也好，在企业的日常运转中也好，有时会碰到一些无法满足的要求。面对对方或者来头很大；或者过去曾经有恩于你；或者是你非常要好的朋友、来往密切的亲戚，如果你简单地拒绝，那么很可能你的企业会遭到报复性打击，或者背上忘恩负义的恶名。对付这类对象，最好的办法是用借口法来拒绝他们。

(3)补偿法。补偿法是在拒绝对方的同时，给予某种补偿。这种补偿往往不是“现货”，即不是可以兑现的金钱、货物、某种利益等等，相反，可能是某种未来情况下的允诺，或者提供某种信息、某种服务。这样，如果再加上一番并非已所不为而乃不能为的苦衷，就能在拒绝了一个朋友的同时，继续保持你和他的友谊。

(4)条件法。赤裸裸地拒绝对方必然会恶化双方的关系。不妨在拒绝对方前，先要求对方满足你的条件：如对方能满足，则你也可以满足对方的要求；如对方不能满足，那你也无法满足对方的要求。这就是条件拒绝法。

(5)不说理由法。苏联时期的外交家葛罗米柯是精通谈判之道的老手。他在对手准备了无可辩驳的理由时，或者无法在理论上与对手一争高低时，或者不具备摆脱对方的条件时，他的看家本领是不说明任何理由，光说一个“不”字。

（6）幽默法。在谈判中，有时会遇到不好正面拒绝对方，或者对方坚决不肯改变要求或条件，你并不直接加以拒绝，相反全盘接受。然后根据对方的要求或条件推出一些荒谬的、不现实的结论来，从而加以否定。这种拒绝法往往能产生幽默的效果。

还有许多拒绝的技巧。掌握拒绝技巧关键要注意以下两点：

（1）要明白拒绝本身是一种手段而非目的。这就是说，谈判的目的不是为了拒绝，而是为了获利，或者为了避免损失，一句话，是为了谈判成功。这一点似乎谁都明白。纵观谈判的历史，尤其在激烈对抗的谈判中，不少谈判者被感情所支配，宁可拒绝也不愿妥协、宁可失败也不愿成功的情况屡见不鲜。他们的目的似乎就是为了出一口气。

（2）有的谈判者面对老熟人、老朋友、老客户时，该拒绝的地方不好意思拒绝，生怕对方面子下不来。其实，该拒绝的地方不拒绝，不是对方没有面子，而是你马上就可能没有面子。因为你应该拒绝的地方，往往是你无法兑现的要求或条件。你不拒绝对方，又无法兑现，这不意味着你马上就要失信于对方，马上就要没有面子了吗？

56.迂回绕道技巧

每个商谈都有两种交换意见的方式：一个是在谈判时直接提出来讨论；另一个则是在场外，以间接的方法和对方互通消息。

间接交流的存在是因为有实际的需要。一个谈判者可能一方面必须装出很不妥协的姿态给己方的人看，而另一方面又必须在对方认为合理的情况下和对方交易，以达成协定。不管是买主或者卖主都会有这种双重压力的困扰。这也就是谈判双方会建立起间接谈判关系的原因。

每一件事情并不一定都要在会议桌上提出来。彼此建立起来的间接关系，能使消息在最少摩擦的情况下传达给对方。假如对方拒绝这个非正式提出的条件时，双方都会知道，同时也不会有失掉面子的忧虑；倘若这个条件在谈判时被正式拒绝了，则很可能会引起对方的指责，而导致双方感情的破裂，造成不良的印象。所以，间接的沟通方式，可以帮助谈判者和公司在不碍情面的情形下，偷偷地放弃原先的目标。而某些偏差了的目标也可以借由半正式或非正式的沟通方式加以修正。以下所列的方式可以用来补足正式会谈的不足：

（1）有礼貌地结束每一次的谈话。

（2）在正式谈判之外，另外再通过非正式渠道沟通信息。

（3）以跌价来试探对方的意见，或者故意放出谣言。

（4）故意遗失备忘录、便条和有关文件，让对方拾取而加以研究。

（5）请第三者做中间人。

（6）组成委员会来研究和分析报告。

（7）通过报纸、刊物或广播的媒介传递信息。

类似方法一般不用在谈判桌上，而是在谈判桌以外的地方。例如我们做主场，客户做客场，互为谈判对手。客户来了，我们先带他吃，带他玩儿，然后在吃和玩儿的过程中降低对方对我们的防范心理，比如问他："哎，您到北京出差，希望什么时候回去，我来帮你定返程的机票，或者火车票。"他可能无意之中就透露了他的返程时间，我们至少知道一个底牌，也就是他要在什么时间回去。他在回去之前，肯定跟我们的谈判要有一个结果。这就是迂回的询问法，通过迂回的方法使对方松懈下来，趁其不备，然后巧妙地摸清对方的底牌。

57. 学会以柔克刚

老子说过：柔能克刚。感情柔弱作为一种谈判策略，有时确能产生一种意想不到的神奇效果。当谈判中，处于不利局面或弱势时，最好的策略是避开对方的锋芒，以柔克刚。在这方面沙特阿拉伯的石油大亨亚马尼做得十分出色，他善于以柔克刚，使对方心悦诚服地接受条件。一位美国石油商曾经这样叙述亚马尼的谈判艺术："亚马尼在谈判时总是低声细语，绝不高声恫吓。他最厉害的一招是心平气和地重复一个又一个问题，最后把你搞得精疲力竭，不得不把自己的祖奶奶都拱手让出去。他是我打过交道的最难对付的谈判对手。"

在谈判中有时会遇到盛气凌人、锋芒毕露的对手，他们的共同特点是刚愎自用，趾高气扬，居高临下，总想指挥或控制对方。这样的谈判者，以硬碰硬固然可以，但往往容易形成双方情绪的对立，危及谈判终极目标的实现。多数情况下，谈判者对咄咄逼人的对手所提出的要求，可暂不做出反应，而是以我之静待敌之动，以我之逸待敌之劳，以平和柔缓的持久战磨其棱角，挫其锐气，挑起他的厌烦情绪，伺机反守为攻，夺取谈判的最后胜利。

在谈判中对方往往会在心理上筑起坚固的防御。有时候要装着说出自己的缺点，让对方一时产生优越感。但要注意的是"装着"，而并非真正把自己的缺点说出来。否则，就成了示弱，对方就会抓住这一点，很有力地攻击你。佯装说出自己的缺点，可操纵对方的感情。这样一来，可以掩饰自己的不足之处。提出自己的弱点，对方就不再注意你的弱点，故能迷惑对方。所以，"我很唠叨"，可掩饰唠叨；"我再重复说一次"，使对方减少重复感；“也许我太极端了”，就不会给人极端的印象。说话重点在“……的样子”，真正唠叨的人说：“我好像很唠叨的样子”，给对方造成错觉，会认为其人并不唠叨。但是若说：“我再说一次”，则对方还未听到正题即已觉得厌烦，心想，他的确唠叨。这样一来，则无法洽谈下去。若换个口气说“我也许会唠叨”，而对方会回答说“不会啦！”这是人心微妙之处。

自动地暴露自己的“弱点”，可以在心理上迷惑对方，再强硬的对手也会提高姿态，以保持感情上的平衡，形成对你有利的局势。这种防御技术，不但不会使你的利益受到损失，而且会增进互相理解，使利益、感情二者兼得。

使用“以柔克刚”的策略，需要注意如下几点：要有持久作战的精神准备，采用迂回战术，通过若干回合的拉锯，按我方事先筹划好的步骤把谈判对手一步一步地拖下去；坚持以理服人，言谈举止做到有理、有利、有节，使对手心急而无处发，恼怒而无处泄。否则，稍有不慎，就可能给对方造成机会，使其喧嚣一时，搞乱全局。

58. 欲擒故纵让对手让步

一个成熟的谈判好手，总是新招迭出，屡建奇功。其谈判战略，往往来源于谈判者的远见卓识和高人一筹的独到见解。

新加坡商人 A 先生与 X 进出口公司谈判大蒜生意便说明了这一点。

第一轮商谈，X 公司报盘每吨 720 美元，而 A 先生只肯出 705 美元。显然双方在价格的原则立场上差距太大，不得不握手告别。

三天后双方再次坐到谈判桌前。由于大蒜收获期就要开始，如不尽快定下成交量，错过收购时机，不但质量保不住，而且收购价格要看涨，X公司权衡利弊后愿以705美元成交。一下子让了15美元，交易似乎应该到此举杯祝贺了。

可是，A先生又发出了一手“怪”招。他说：“我祖籍是山东，我们交个朋友吧。说心里话，这批蒜卖705美元一吨，贵公司有点亏，我心里也不愉快。做生意嘛，讲个来日方长，这样吧，每吨我再加5美元。”

这一“怪”招，真出乎人的意料。因为以705美元成交虽然卖价比名牌货上海嘉定蒜便宜，却符合国际市场行情。当时，美元与人民币的汇价日趋上浮，如及时结汇，又等于提了价。

等合同正式签字生效后，面对他人的疑问，A先生解释说：“你们知道的，新加坡华人多，而我们的老主顾都是北方人，对蒜的口味要求是越辣越好。嘉定蒜牌子虽响，但辣味不如山东蒜浓。我们脱手照样卖个好价。多添5美元，并非没有顾虑，这一批货虽说少赚了1万美元，但X公司对此将永生难忘。我们双方日后还要长期交往。有些同行，对一点蝇头小利也不放过，这样会使对方产生反感，也会对你斤斤计较，虽然生意做成了，但并不愉快。表面看是赢了，但那样因小失大实际上是输家。”

好一个精明之举！在发货时，果然验证了A先生是一位生意好手。事情是这样的，青岛口岸只在月初有一航班到达新加坡，要想赶在其他买主之前提早上市，卖个好价，就得早装船。可A先生买的这批货刚好错过当月船期，一等就要一个月，他沉不住气了。因为货期越晚，风险越大。他把自己的处境和盘托出，请A公司把发货的口岸由青岛改为上海。因为上海近期就有到新加坡的船。X公司当即回复同意。那X公司吃亏了吗？没有。在大蒜产地把蒜运往青岛港是用汽车，运往上海港可换成火车。虽然远一倍的路程，但火车比汽车的运费便宜，没有增加费用。但当此情景，X 先生之前的“慷慨”，显然也是 X 公司没有对其进行刁难的重要原因。

一个成功的贸易谈判战略，往往是通过对某种旧的传统观念的革除而建立的。上述例子足以说明：在贸易谈判中，谈判者不但要有娴熟的议价技巧，还要有纵观全局、不计一城一池之得失的战略眼光才行。须知：将欲取之，必先予之；欲擒故纵，放长线才能钓大鱼。

59. 打破僵局的方法

僵局是指在谈判过程中，双方因为暂时不可调和的矛盾而形成的对峙。心理学家把陷入人际交往僵局中的心理比喻为精神错乱现象。一个人最怕的乃是孤立。人们常常竭力地避免使自己和他人的关系破裂。表现在谈判场上，每当陷入僵局时，参加谈判的人们往往会有受挫的感觉。

僵局常常使谈判双方陷入尴尬难堪的境地，它既影响谈判效率，挫伤谈判人员的自尊心，更影响谈判协议的达成。出现僵局并不等于谈判的破裂和终结，但其严重影响谈判的进程，如不能很好地解决，就会导致谈判破裂。在僵局已经形成的情况下，要采取有效对策来缓和双方的对立情绪，使谈判出现新的转机。这些对策一般包括：

（1）避重就轻，转移视线。谈判中暂时放弃双方僵持的某个问题，转而磋商其他问题或条款。

（2）运用休会策略。谈判双方可借休会之机冷静下来，仔细考虑争议的问题，也可以召集各自谈判小组的成员，集思广益，商量僵局的具体解决方法。

（3）改变谈判环境。谈判室是正式的工作场所，容易形成一种严肃而又紧张的气氛。当谈判僵局出现时可考虑暂时停止会谈，离开谈判室，从事其他娱乐活动。

（4）利用调解人。寻找双方都能接受的中间人作为调解人或仲裁人，缓和双方的矛盾，从而达成谅解。

（5）调整谈判人员。当上述做法均不能奏效时，可以考虑调整或更换双方谈判小组的成员。

当谈判人员特别是谈判小组领导人对于谈判桌上的进展不满意时，常常使用“脱离现场”这种策略。它经常是谈判陷入僵局或无法继续下去的时候使用的一种策略。

当谈判小组组长认为，双方需要在某种新环境中非正式的见面，用以鼓励为谈判建立一种信任和坦率的气氛的时候，也要采用这种策略。

众所周知，“交际场所”里充满了愉快的气氛。英国人爱去“绅士俱乐部”，芬兰人钟情于蒸汽浴室，而日本人则喜欢泡公众澡堂。

这种策略，对于双方重新建立一种合作精神是十分有帮助的，如果有足够时间、机会和新的建议，它能使大家意见合一。这个策略的价值在于：避开正式的谈判场所，把谈判转到轻松的环境中。当然，如果把全部谈判都搬到俱乐部来进行也是不合时宜的，但只要小心谨慎，这不失为一个有效的策略。

60. 以退为进的策略

有时候，即使双方都做了许多让步，但双方的谈判立场仍有很大差距，似乎谈判已钻进了死胡同。在确信谈判双方有许多共识，并且主动权在我方手里时，便可采用以退为进的方法，逼迫对方答应我方条件。当然，这需要谈判者娴熟口才技法的运用，以免被对方识破。

“以退为进”是军事上的用语，暂时退让、输赢未定，伺机而进、争取成功。谈判也如打仗一样，亦是互相交锋，争斗激烈。有时要继续谈下去；有时则要暂时休会；有时要据理力争、讨价还价；有时需要暂时退让，伺机而动。商务谈判如同兵战，只不过是以唇为“枪”，以舌为“剑”，如何在谈判桌上充分发挥你的战技和口才，全凭谈判人员的经验和智慧了。

曾有一家大公司要在某地建立一家分支机构，找到当地某一电力公司要求以低价优惠供应电力，但对方态度很坚决，自恃是当地唯一家电力公司，态度很强硬，谈判陷入了僵局。这家大公司的主谈私下了解到了电力公司对这次谈判非常重视，一旦双方签订了合同，便会使这家电力公司起死回生，逃脱破产的厄运。这说明这次谈判的成败，对该电力公司来说关系重大。这家大公司主谈便充分利用了这一信息，在谈判桌上也表现出决不让步的姿态，言称：“既然贵方无意与我方达成一致，我看这次谈判是没有多大希望了。与其花那么多钱，倒不如自己建个电厂划得来。过后，我会把这个想法报告给董事会的。”说完，便离席不谈了。电力公司谈判人员叫苦不迭，立刻改变了态度，主动表示愿意给予最优惠价格。至此，双方达成了协议。在这场谈判中，起初主动权掌握在电力公司一方。但这家大公司主谈抓住了对方急于谈成的心理，耍了一个花招，声称自己建电厂，也就是要退出谈判，给电力公司施加压力，因为若失去给这家公司供电，不仅仅是损失一大笔钱的问题，而且可能这家电力公司面临着破产的威胁，所以，电力公司急忙改变态度，表示愿意以最优惠的价格供电，从而使主动权掌握在大公司一方了。这样通过以退为进，这家大公司取得了谈判的成功。

在商务谈判中，暂时的退却是为了将来的进攻，即退却一步，进攻两步。有时候，如果进攻遇到困难的话，还不如口头的“佯退”，当然在语言运用上要讲究技法，既要坚决、果断，不留余地，使对方看不出破绽，又要为与对方再次谈判带来希望，不能让对方认为谈判彻底黄了，然后另觅他途。

61. 战胜不太友好的客户，让谈判走向成功

当你受到了攻击，千万别着急，要冷静，先听一听，尽可能多地了解客户的思路。顾客一旦陷入他自己的思路里，争辩根本无法使他动摇，唯有靠智慧可以做到。在这种情况下，劝说的最好办法就是聆听。例如：当受到攻击时，大部分人的本能反应便是保护自己，或者反戈一击。对于正在谈判过程中的销售人员来说，这两种做法都会激起火药味很浓的对峙，最好的反应应该是让顾客接着谈下去。原因是这样的：首先，新的信息可以扩大活动的空间，增添变量因素数目；其次，静静地聆听有助于化解怒气；最后，如果你是在聆听，你就没有时间考虑做出任何让步。时刻关注需要讨论的问题，不要偏离主题。谈判会令人变得不知所措，客户经常会因为没能取得丝毫进展而沮丧。这时候最关键就在于保持头脑冷静，注意客户的言语及神态，并且耐心等到客户平静时总结一下谈判所取得的进展。例如：设想一下，你是不是可以这样说，把话题重新引到你所期望的主题中来：“我们已经在这些问题上探讨了 3 个小时了，试图达成一项公平合理的解决方案。现在，我建议重新回到付款条款上来，看看是否能做出总结。”

如果你最顽固的客户对你的攻击屡击不中，那么他自然就会放下拳头。

在与客户谈判中，坚持合作态度，而不是拼个你死我活，成功的机会比较大。对手和你一样想获取最大利益，所以你和他的地位是平等的。

实实在在的讨论，令对手相信你有诚意和他做成生意。可以谈问题、谈冲突，但不要涉及人身攻击；跳过双方各执一词的部分，避开恶言相向的场面，转而强调双方的共同利益，说明能给对方什么好处，进而达成双方皆感满意的方案。

与对手一起动脑，多想几个实用的点子，就多几种选择。请教各行业的专家，通过第三者的客观建议或研究结果，协助双方化解冲突。

以下是化敌为友的一些实用技巧：

和对手详细讨论计划，理清一切可能造成误解的地方；用诚实开放的态度处理问题和疑惑；言出必行，增加自己的信用；尊重对手，不必急着证明他们错了，或是降格以求、逢迎拍马；尽量让每一次会面成为愉快的经验，再研究“仔细倾听”策略，实地练习一番；别压迫对手，以平等的语气和对方探讨分歧；永远准备与对手长期合作。记住：谈判每成功一次，双方的关系就加深一层。

见到你承认错误而不强辩，对方会觉得你诚实可靠，从而坦诚合作，建立如顾问对客户的合作关系。这种关系正是谈判成功的基石。同样，对手坦率承认错误是双方合作更上一层楼的讯息，这时你也应学会适时给对方以鼓励。

肯定对方的说法如“是的，而且……”是每个谈判者都应该学会的语言。这么说的好处在于：对方纵然攻击你、施加压力，你仍同意他的看法，你的肯定语气，使对方不好再反对；“而且”一词是肯定对方的看法，而非向对方挑战。一旦向对方下战书，对手就会由主动攻击转为被动抗议，关系反而更糟。

对手肯定你的看法，双方关系必会改善。至少对手不报怨你施加的压力。向你示好，显示对手有兴趣和你做生意。这时，给对手一些积极的回应，谈判就可以顺利进行下去。

第三编

优 术 篇

“术”即招数，就是要使谈判者学会谈判场上的各种奇正之道、攻心之术。本部分四章内容，共介绍四十条与客户谈判时的锦囊妙计，只要谈判者熟练加以掌握，并做到“运用之妙，存乎一心”，就能做到兵来将挡，水来土掩，见招拆招，无往不胜。

第七章

奇正之道：合理运用谈判战术

坐到谈判桌边来的人都想成为赢家，这是谈判者共同的心理。怎样在谈判中掌握主动权，这是一个事关能否成为赢家的关键问题。一个在谈判中处处被对方牵着鼻子走的人，很难想象他会赢，但在很多情况下，主动权的取得需要依靠谈判战术的合理运用。因为从谈判所具有的严肃性、针对性和对立性来说，谈判犹如战斗，能否取胜，除了武器装备是否优良，还要看现场指挥者的计谋和策略。

62. 声东击西

声东击西。在战争史上看，有着许多这样的例子，叫做“声东击西，指南打北”。就军事方面来讲，声东击西是指当敌我双方对阵时，我方为更有效地打击敌人，造成一种从某一面进攻的假象，借以迷惑对方，然后攻击其另一面。这种战术策略同样适用于谈判。

有一回谈判大师罗杰·道森到亚特兰大参加一个谈判技巧研讨会。研讨会就在他下榻的旅馆举行。开会的前一天晚上，道森很晚才到达旅馆。为了在明天上课时给他的学生们一个活生生的见证，他走上前到旅馆柜台，问服务生：

“我已经预订了房间，我要检查一下。”

“是的，我们还剩下一些单人床房间。”

“哦，你们没有双人床的房间了吗？”道森故意皱着眉头问。

“很抱歉，您今天来晚了。明天这里有研讨会，我们已经没有双人床的房间了。”

“怎么会这样？研讨会的人一个月前就已经帮我订了房间，你们现在才告诉我没有双人床？我不能接受单人床的房间。”

于是柜台服务生把经理请了出来。经理向他解释：“整个大饭店真的只剩下十个单人床的房间了。”

道森于是假装不情愿地说：“如果是这样，我也许要考虑睡在单人床上了。但是，如果我接受你们的房间，你们要怎样补偿我呢？”道森心里想，经理也许会给他一张免费的早餐券或什么的。没想到经理居然说：

“我们也许可以给你打个折扣吧。我们就算你半价好了。”

于是十分钟内，住宿费就从七十美元降到三十五美元。其实他才不在乎睡在哪张床上（如果旅馆只有双人床，他就会坚持要单人床）。这不过是一个声东击西的伎俩罢了。

完成交易固然是谈判的目的，但在某种情况下，谈判也是阻挠或延缓其行动的一种先发制人的手段。在谈判中，出于某种需要而有意识地将会谈的议题引到对方并不重要的问题上，借以分散对方的注意力，达到己方目的。

实际的谈判结果也证明，只有更好地隐藏真正的利益需要，才能更好地实现谈判目标，尤其是在你不能完全信任对方的情况下。过去传统的马匹交易，马贩子从来不让卖马的人知道他真正喜欢哪匹马，否则价格就会飞涨。美国大富豪洛克菲勒想使纽约的不动产升值，就想把有影响的机构设在纽约，其中包括联合国大厦。当他已悄悄买下准备建联合国大厦的地皮后，立刻又公开扬言他要以两倍以上的价格购买纽约的房地产，由此房地产价格飞涨。

在商业谈判中，一般在以下情况下使用这种策略：

（1）试探对方，了解更多的资料，为以后真正的谈判开路，打前哨战。

（2）迷惑对方，转移对方的注意力，延缓对方所要采取的行动。

（3）稳住对方。不让其货物向他方脱手或向他方购货。

（4）缠住对方，拖得其精疲力竭，以便乘虚而入，稳操胜券。

因此，当参加谈判时，要警惕那种“不想做生意”的商谈，避免受骗上当。对方虽有千条妙计，我方必有对付的策略，东来东挡，西来西阻，兵来将挡，水来土掩。只要我们在商业谈判中坚持原则立场，保持高度的警惕，我们就不会被声东击西的伎俩所迷惑，而是做一个沉着应战的高明的商业谈判专家。

63. 软硬兼施

软硬兼施又叫“红白脸策略”。“红白脸”可以由不同的人扮演，也可以由同一个谈判人员担当。安排如下：（1）在谈判初始阶段，先由唱“白脸”的人出场，他傲慢无理，苛刻无比，强硬僵死，立场坚定，毫不妥协，让对手产生极大的反感。当谈判进入僵持状态时，“红脸人”出场，他表现出体谅对方的难处，以合情合理的态度，照顾对方的某些要求，放弃自己一方的某些苛刻条件和要求，做出一定的让步，扮演一个“红脸”的角色。（2）谈判人员根据与客户交涉情况，在一些原则性问题上表现出强硬姿态，寸步不让，但在另外一些可以妥协的问题上，则转而扮演“红脸”，赢取客户好感，促成谈判成功。“红白脸策略”往往在对手缺乏经验、对手很需要与你达成协议的情境下使用。

在谈判桌上，双方都有众多的“谋士”和主谈人，其中都不乏持强硬态度和持温和态度的人士，而同一个谈判者，往往也时而温和时而强硬。这是为什么呢？为的是运用软硬兼施的谈判战术。

大凡商界谈判，通俗一点称持强硬态度的叫“坏人”，温和派的态度较好，彬彬有礼，就被称为“好人”。谈判时，这个“好人”和“坏人”的战术该如何使用呢？先要有人采取强硬的立场，做狮子大开口的要求。而他旁边的人则是友善的，在谈判中一直很少开口说话。过了一会儿，这个“坏人”闭口不说，让“好人”接替下去。而他提出的条件和前一个人比较之下，似乎很合理。为什么不是呢？和这么一个和气的人交易要比跟那个讨厌的家伙交涉愉快多了。你会不由自主地想到，事情本来是会更糟糕的。“坏人”们常以各种不同的面目或形式出现在谈判中。他们可能是人也可能是事情，可能是真的也可能是假的。估价的人、律师、会计人员甚至头头都会扮演很称职的“坏人”，他们也很容易为人所相信。而非具体人的“坏人”角色则包括一些事情。例如：公司政策、标准的条件和情形、赔款原则和各种各样的程序。如果你碰到了这样的“坏人”，以下是你可以采取的对策：（1）让他说，他们到最后会换另外一个人上阵的；（2）向对方的上级抗议；（3）退出商谈；（4）当着大众的面，责备对方；（5）采取相同的策略，扮演“坏人”反击回去；（6）商谈时，暗示“坏人”的出现，这将缓和对方的气势；（7）找出对方的“仙人掌”，再挑掉它们的“刺”。最佳的防御是心理上认清楚“好人”和“坏人”都是属于同一阵线，两者的最终目的都是想从你身上得到他们想要的东西。而“好人”和“坏人”的策略就是他们所使用的方法。

软硬兼施是谈判时较常用的一种技巧，不论是哪一方都会出现软硬兼施的场面，对解决问题来说有比较、有对照，至少可以让对方听到两种看法，以便从中选择可接受的条件。虽然是有意的事先预谋，但实效性较强，使谈判高潮迭起，有声有色，起到推波助澜的作用。

以上我们重点介绍了由不同谈判人员分别担任“红白脸”的情况。其实，同一个谈判者在谈判的不同阶段也需要根据实际情况转换“红白脸”角色，采取软硬两手策略，一张一弛。实践证明，这种办法比一味强硬或单纯退让更有助于实现谈判目标。

64. 吹毛求疵

吹毛求疵策略，是指处于谈判弱势的一方，对谈判中处于有利一方炫耀自己的实力，大谈特谈其优势时，采取回避态度，或者避开这些实力，而寻找对方的弱点，伺机打击对方的士气。

例如，有位顾客到不讲价的“一言堂”百货商店去，想买一台冰箱。明明看中了，而且非常满意，但为了想攻破价格堡垒，便“鸡蛋里面挑骨头”，有意提出一个个他“不满意”的“缺陷”。一会儿是颜色不如意，一会儿是别的什么。最后顾客说：“尽管这冰箱有些不合我用的地方，但我喜欢这样式，你们是否能便宜些？并且不劳送货。”对于这位纠缠了半天却又温和的顾客，经理无计可施，最后同意了以优惠 8% 的价格将冰箱卖给他。

这位顾客开始是弱势的。首先这是不讲价的商店，即顾客必须按商店售价购买；其次，他所喜欢的货确实是上好的。但聪明的顾客并不甘心，他相信所谓“不讲价”的价格也是商店定的，既然它能定，它也能改。他动脑筋寻找要对方降价的瑕疵点；并且他从售货员的介绍中抓住了不要送货上门应该少费用。他总算如意做成了交易。这种吹毛求疵策略，是通过再三挑剔，提出一大堆问题和要求来运用的。当然有的是真实的，有的则是虚张声势。之所以这样做，主要是降低对方的期望值，找到讨价还价的理由，达到以攻为守的目的。

但是，若从相反的立场来说，如果身为卖方，又该如何对抗这种吹毛求疵战术呢?

（1）必须很有耐心。那些虚张声势的问题及要求随你的耐心和韧劲自然会渐渐地露出马脚，并且失去影响力的。

（2）遇到了实际的问题，要能直攻腹地，开门见山地和买主私下商谈。

（3）当对方在消磨时间，节外生枝，做无谓的挑剔或无理的要求时，或视若未睹地一笔带过，不予理睬；或及时提出抗议，予以揭露。

（4）向买主建议一个具体且彻底的解决方法，而不去讨论那些没有关系的问题。不要轻易让步，以免对方不劳而获。同时，卖主也可以提出某些虚张声势的问题来加强自己的议价力量。吹毛求疵策略将使你在交易时充分地争取到讨价还价的余地。

以上建议如果能够灵活运用，相信会使你受益。

65. 缓兵之计

谈判进行了一段时间以后，可以休息十到十五分钟。在休息期间，让双方走出会谈大厅，回顾一下谈判的进展情况，重新考虑自己的下一步预案，或者让头脑清醒一下再进入洽谈，这些都是有必要的。

一般情况下，休息的建议是会得到对方积极响应的。休息不仅有利于自己一方，对双方、对共同合作也十分有益。

休息是有积极意义的。它使双方有机会重新计划甚至提出新的构想和方案，可以使双方在新的气氛下再聚一堂，使精力和注意力再度集中。

有人担心休息有消极作用，担心会破坏刚才的谈判气势，会使良好有效的谈判气氛受到干扰，或者会给对方改变方针的机会。实际上，这种担心是多余的。

应注意合理安排休息的程序：

（1）首先说明休息的必要性。比如："我想，如果现在休息一下，可能有利于我们双方好好地谈判……"

（2）简单总结一下刚才进展情况，并且提出新的建议。比如："我们已经谋求出可以解决价格与折扣问题的方法。我建议现在大家想想是否还有别的解决途径……"

（3）确定休息的时间。比如："十五分钟够不够？"

（4）避免提出新议题。如果对方想提出新的议题来讨论，要求他在休息后再说。在需要休息的时候，不要让对方有产生讨论新议题的机会。

在休息期间，我方要考虑的问题应该是明确的。应研究怎样进行下一阶段的谈判，归纳一下正在讨论的问题，检查我方小组的工作情况或者对以下的谈判提出一些新的构想。同时要考虑怎样重新开谈，考虑往下的洽谈方案和如何做开场陈述。最好能带着新的建议重新步入谈判大厅。休息是一种有很大潜在影响的策略，适当地运用这一技巧，可以帮助我们达到共赢的目的。

66. 以理服人

一个有力的谈判者要懂得以理服人，并利用客观事实及逻辑说服对方。以理服人，就是针对对方的立场、观点，以理驳斥或争辩，从而坚持自己立场的谈判方法。

以理服人，归结到一点，就是论证自己的观点，反驳对方的观点。自己的观点要旗帜鲜明，表达得清清楚楚，然后以事论事，论证自己的观点和立场的正确与合理。

说服对方接受自己的立场和观点，思路要敏捷、严密及逻辑性强。谈判中难以解决的分歧，双方进行激烈的辩论交锋，只有具有强大的逻辑思维能力才能说服对方。谈判人员平日就应注意这方面的基本功训练，培养自己的逻辑思维能力。

谈判不是打仗，必须置对方于死地。谈判的最终目的是说服对方接受自己的立场和观点，达成协议。因此，使用逻辑“服”人应掌握尺度，不可得理不饶人，到处进攻。如果对方被你逼得走投无路，颜面无存，往往会产生强烈的敌对情绪，对达成协议不利。

说服对方，要以战略眼光先把握大的方向和原则，不要在枝节问题上与对方长时间纠缠，在主要问题上，一定要集中精力，牢牢掌握主动权。对对方的错误观点和无理要求，要做到切中要害，有理有据。

运用以理服人的谈判技巧，关键问题是要观点正确，要具有科学性和逻辑性，同时，论证要真实可信。只有如此，才能取得谈判的成功。

美国一家电器公司的推销员阿里森，一次到一家公司去推销电器。该公司的总工程师一看到他就不客气地说：“阿里森，你不想让我多买你的电机吗？”原来，该公司认为不久前从阿里森手里购买的电机温升超过了正常指标。阿里森了解了这个情况后，明知总工程师的讽刺不对，也没有强行争辩，决定以理服人，让对方在事实面前自己改变态度。于是，他对总工程师说：“好吧，斯宾塞先生，我的意见和你的一样。如果电机温升过高，别说再买，就是已买去的也要退货。是吗？”“是的！”总工程师做了肯定的回答。“当然，电机是会发热的，但是，你当然不希望它的温度超过全国电工协会规定的标准，是吗？”总工程师又一次做了肯定的回答。接着，阿里森提出了实质性的问题，他问总工程师：“温升很高，是吗？”“是的”，总工程师说，“但是你们的电机却比这个指标高出许多，简直让人无法用手摸，难道这不是事实吗？”阿里森没有和他争辩，继续问道：“你们车间里的温度是多少？”总工程师稍微想了一下，回答说：“大约 42℃。”阿里森一听，高兴得连连拍对方的肩膀，说：“好极了。车间温度是 42℃，加上应有的 40℃，一共是 82℃左右。请问，要是把手放进 82℃的热水里，会不会把手烫伤呢？”对方不情愿地点了点头。阿里森接着说：“那么，你以后就不要用手去摸电机了！放心，那温升完全是正常的。”最后，阿里森不仅说服了对方，消除了对方的疑虑，而且又做成了一笔生意。在这里，阿里森采用了以理服人的谈判技巧，提出一系列问题，使对方在一连串“是”的应答中，不知不觉否定了自己之前的看法。

这个例子足以说明，运用以理服人的谈判技巧，特别应注意论证的逻辑性。以理服人的技巧利用不当，会让对方抓住把柄，处于谈判的不利地位。这是千万应当注意的。

67. 出奇制胜

兵家都知道，如果敌人在你没有戒备的地方或没有想到的地方发起攻击，常会使你措手不及，一败涂地。这就是古代兵法“出奇制胜”策略。这一策略同样可以用于和客户的谈判过程中。

有这样一个谈判实例：北京一家商场家电组的经理接待了一位江苏某灯具厂的业务员，来人带来了一种新产品——多功能充电应急灯。当时这类产品的上市品种并不多，销路一般，但市场潜力较大。这一点谈判双方都很清楚。由于厂方渴望打进北京市场，店方又希望在此产品未销“热”之前更多获利，双方便在价格上反复交涉起来，厂方从 197 元一台让到 192 元一台就不肯再让了，而店方从 180 元一台升到 183 元一台也不肯再加价了，就这么僵持了一阵。其间，商场经理接了三四个电话，那是谈进货、代销之类的事。

双方又谈了一会，话题转移到闲聊上去了，彼此都放松一下。恰在此时，又一个电话打来了，经理拿起听筒听了一会儿，突然眼睛一亮，接着就同听筒一方的人砍起价来，什么一台顶多 183 元啦，什么老百姓这会儿还不认啦，什么货位紧张啦等等。打完电话，经理对那位业务员两手一摊，说：“巧了，您拿来的这种灯北京也有人生产出来了，除了颜色不同、规格稍微不同外，其余的功能都差不多，可人家的比你的便宜。你看……是不是到别的商场……”

这突如其来的打击，一时弄得这位业务员有点发蒙，尽管来时已了解到类似的应急灯北京是有人在研制，但并没有上市，却没料到竞争对手动作如此之快。不相信这个消息吧，对方几乎是在下“逐客令”了，不像有诈；

相信吧，怎么办呢？自己没准备对策，对方似乎已不愿再谈了。为了不白来一趟，只好委曲求全。一番啰嗦之后，以 185 元一台成交。

其实如何呢？原来那个电话是经理太太打来的，要他给孩子买个游戏卡，可听到的却是一堆莫名其妙的话，只好无可奈何地举着听筒对经理一通乱骂。

达一手虽说使得有点“恶”，但机会抓得巧，运用自然，令对方仓促间应战又找不出好对策，急不得恼不得，只好败阵。

“出奇制胜”的战术在谈判中还有多种具体的招式，例如：

（1）突然加入新的谈判成员并提出新的意见或带来新的信息或补充新的条件等等，意在打乱对方准备好的谈判程序和内容，变被动为主动。

（2）态度突然强硬起来，意在制造一个尴尬的僵局以扰乱对方的思想情绪，从而影响对方的思路及策略。

（3）突然拿出繁琐的统计数字或深奥难懂的技术资料与对方大侃一阵。这对一般的业务员和年轻的经理颇为有效。

（4）谈判场所的突然变更。

出奇制策略包含突然改变方法、观点或提议，这种改变通常是急剧的和戏剧性的，但也并非绝对如此。有时这种改变是以声调的改变或无意义的叹息开始的。有时谈判在平静的气氛下进行，一阵怒气却能带来良好的效果。当然，生意人的谈判毕竟不是军事上的对立行为。所以，必须把握分寸，避免出现不欢而散的结局，除非对方明显缺乏诚意。

68. 激将法的运用

人都有自尊心、荣誉感以及维护自身形象的意识，一个人在自尊心、自身形象将受到伤害时，往往会冲动起来，严重的会做出失去理智的事。在谈判中，主谈者作为谈判的主要角色一般都会很注意自身的形象。因此设法刺激主谈者，使其感到如果继续坚持自己的观点，将直接损害自己的形象、自尊心或荣誉，从而动摇或改变态度、观点，促使谈判成功，这就是激将法。

能力与权力的大小、地位的高低、信誉的好坏等等，所有与形象、自尊相关的话，都是激将的武器。最直接的方法是对对方的主谈者的资格表示轻视，对他的权力表示怀疑，以刺激对方。例如说："我希望与能解决问题的人谈判。既然你有决定权，为什么不直接解决问题，还要回去请示呢！"等等。当然，有时候也可以先从主谈者的重要助手开始，助手被说动了，再激主将，这时就像下象棋时的"将军"，躲也躲不过，不吃也得吃了。

对反复劝说都不生效的主谈者，不妨试试激将法，激他一激。有的顾客对商品的各方面基本满意，且资金也不成问题，就是不知什么原因，使他总觉得往后是否会出什么问题而举棋不定，迟迟不敢下决心，激将法对这种对手尤其有效。

你可以这么说："先生，世界上就是有这样的情况，一个人对他愈是感兴趣、愈是喜欢的东西，愈是不敢去追求并争取拥有它。我想这是一种很可悲的情况。自己认为有价值、有意义的东西，怎能不去努力追求呢？但是就有这种人，我认为他们的生活实在是没有多大意义，至少可以说他们是没有勇气的。为什么不去努力追求呢？这将会使你活得更充实，更有意义。"

接着你再说："我想先生你一定不是这种人吧，如果你觉得这商品还行的话，就行动起来吧！"

经过这样一激，对手也许就不会再沉默了。

激将时，首要的是话题，而不是靠态度的轻慢。话题要紧扣谈判目标，要切中对手的心理要害，一语中的。运用激将还要注意因人而异，要摸透对方的性格脾气、思想感情和心理，对于自卑感强、谨小慎微、性格内向的人，使用此法不合适。因为这些人会把那些富于刺激性的语言看成是奚落和嘲讽，因而消极悲观，丧失信心，甚至还会产生怨恨心理。对于那些老谋深算、富于理智的“明白人”，也不宜使用此方法，因为他们不会被这些刺激性语言干扰而轻易就范。谈判者在使用激将手法时还要掌握好刺激的火候：火候太小，语言不痛不痒，激发不起对方的情感波动；火候太大，会给对方造成过大的心理压力，诱发出逆反心理，对方反而会更加一味地固守其原来的立场和观点，使你一无所获。

69. 避实击虚技巧

《孙子兵法》有云：“兵之形，避实而击虚。”即避开敌人实力强劲的优势方面，去打击敌人薄弱的环节。这是兵家常用的手段，实力弱小的一方尤其喜欢这一战术。古往今来许多以弱胜强的战例大多是弱小的一方运用了此种战术。在与客户谈判中，运用这一战术打破僵局并最终达到目的的例子比比皆是。

一天，某化工公司的副总经理章某到上海一家化工公司购买 7 种化工原料。在此之前，章某从其他省市搞到了一些同类产品的报价单，对比之后发现上海这家公司是价格最低、品种最全的。几番电话联系之后，他便风尘仆仆地赶到上海。不料想，当双方坐下来谈这笔生意的时候，沪方代表面带歉意地又拿出了一个新的报价单，并阐述了一大堆涨价的理由。章某一看新的报价，居然比其他省市报价的平均价还高出一块，心中好生不快，便与对方在价格问题上激烈地争论起来。

章某满怀希望而来，没想到等待他的是“当头一棒”，颇感懊恼，幸好这位副总经理颇有经验，与对方侃了一阵之后，凭直觉想到对方并不是不可战胜的，只是正面交锋很难把价格水平侃下来，何况自己又是上门来“求”购的，势单力孤，明显处于下风，所以必须改变策略。

章某在交谈中渐渐察觉出对手的一些情况，比如：对方公司的经营状况不太好，员工工作效率不高，进货渠道虽通畅但资金紧张，故库存有限，有两种产品的库存量比自己欲购的数量还少几吨。于是章某就主动缓和在价格争议上的僵局，把话题转移到交货期、交货量、付款方式等问题上，要求对方在这几方面有所保证，并提出了较低的定金额度和分期付款的意见。这些要求虽然还没到苛刻的程度，但章某估计对对方来说已是难以接受的了。

果然，对方再次据理力争，双方在这些问题上又僵持不下。章某见火候差不多了，便提出了“最后方案”：可以适当降低这些要求的标准，甚至取消某些要求，但须按以前的报价才能成交。章某接着又明确表示只要这一笔生意成交，收到货之后便立刻与对方签订第二笔购货合同。否则，只好去找别的卖主了。

最后，沪方在价格上“投降”了，以货发付款和两笔生意的合同一起签为条件而与章某达成了协议。

这是“避实击虚”用于生意谈判的典型战例。章某避开了对方的价格优势（因价格最低，而有充分的涨价理由），而去攻击对方的薄弱环节（急于回收资金、库存有限、不能满足对方的合理要求——其实章某在交货期、交货量等方面并没有较高的要求），从而扭转了被动的局面，把对方的优势化解了。

70. 赠送礼品技巧

指谈判人员为了表示友好和联络感情而互相馈赠礼品，以期取得更好的谈判效果的策略。西方人幽默地称之为“润滑策略”。

由于文化习俗的差异，世界各国、各地区对馈赠礼品这一策略性活动的评价很不一致。西欧人大多数因信奉基督教，认为谈判与送礼是两种精神相悖的不同行为，故而往往持不赞成的态度。另一些国家和地区，则把送礼当作是谈判工作中的一项重要准备内容，认为缺乏这项内容，谈判就不会顺利，生意也无从谈起。特别是日本人，他们素有互赠礼品的习惯，并把礼品视作友好、诚恳的表示。在这种情况下从事谈判的工作人员，是万万不可忽视馈赠礼品这门艺术的。

我国是礼仪之邦、人情社会，在商务活动中向客户适当地馈赠一些礼品，有助于增进双方的友谊，符合社会的正当习俗。但馈赠礼品必须同行贿受贿区别开来，不能违纪违法。

润滑策略是一种敏感性、寓意性都较强的艺术，搞不好效果会适得其反，因此我们应该慎重对待。一般地说，在送礼上应注意以下几点：

首先，要注意对方的习俗和文化修养。因为谈判人员的文化背景不一样，爱好和要求也会有所不同。比如在阿拉伯国家，酒类都不能作为礼品，更忌讳给当事者的妻子送礼品；在美国，人们讨厌有送礼人单位或公司标记的礼品；法国人讨厌别人送菊花，原因在于菊花只有在法国人办丧事时才会使用；日本人不喜欢有狐狸图案的礼品，因为日本人视狐狸为贪婪的象征。所以，在馈赠礼品时就要注意和重视这些差异。

其次，要注意礼品价值的适度性。古人云：“千里送鹅毛，礼轻情义重。”不仅至今仍有时代感，而且普遍适用于国际社会，所以，馈赠礼品的价值不宜过重。礼物价值过重，往往会被认为是贿赂，对此除了贪心者外，正直的商人大多不肯接受。有时即使接受了，也疑窦丛生。送礼者一向以双数为吉祥，而在日本则以奇数表示吉祥，西方国家忌讳“13”这个数字，这些都应注意。

再次，要注意送礼时机和场合。法国人喜欢下次重逢时馈赠礼品；英国人多在晚餐或看完戏后赠送礼品；我国则以在离别前赠送纪念品较为自然。不过，各国、各地区有一点基本相同，就是一般都有初交不送礼的习惯。

最后，应引以注意的是，礼物往往会包含某种暗示作用，需十分小心，不要因馈赠礼品造成误解。如我国一般忌讳送梨或钟，它们可谐音为“送离”和“送终”这类不吉利的字眼。正确选择送礼的做法是，既要考虑到对方的文化习俗、爱好、性别、身份、年龄，又要考虑到礼品本身的思想性、实用性、艺术性、趣味性和纪念意义等，还要注意禁奢脱俗。

71. 见风使舵与顺水推舟

在顾客观看和选购商品的过程中，常常会对商品提出各种各样的意见。其实这些意见可能并非全部是反对意见，有的意见乍看对成交不利，事实上却包含了有利于促销的因素。我们在推销中应该善于利用这些因素，借题发挥，因势利导，把推销活动引向成功。

所谓顺水推舟法，即抓住顾客意见中有利于成交的因素为基点，临时变换一个角度，把顾客拒绝购买的理由顺势一推，使这些理由转化为说服顾客的理由。比如顾客甲说：“这款抽油烟机又涨价了，上月才 3000 元，现在却涨到 3800 元，太贵了，买不起。”售货员说：“对，现在大家生活水平提高了，都害怕油烟影响健康，加上这种牌子质量好，大家抢着买，供不应求了，价格自然上涨。但从油烟机的市场行情看，这种牌号的油烟机价格还得涨，现在不买，过一段时间会更贵，说不定还会脱销呢。”顾客一听觉得有道理，就爽快成交了。

售货员在这里用的就是这种顺水推舟法。他并没有反驳顾客的意见，而是从市场供求关系及其与物价的关系的角度，先肯定顾客关于物价提高的观点，继而顺势一推，由抽油烟机涨价的事实推出两点：一是涨价说明市场的需求量大，这又正说明本牌子的质量好；二是供不应求的商品还有易于提价和易于脱销的可能。达两点虽是从顾客的意见推出来的，却已转化成为促成顾客成交的理由了。

第八章

纵横舌上鼓风雷：与客户谈判中“谈”的艺术

“商场如战场”这句话已经被无数人说过无数遍，但是再重复一万遍也不为过。在这个战场上，每个做生意的人都希望掌握精良的武器，使自己得心应手，马到成功。好口才就是你驰骋商战的利器法宝。

打动人心之术，关系到谈判成败。拙嘴笨舌，词不达意，会使谈判者到处碰壁，寸步难行；巧舌如簧，口吐莲花，会使谈判者柳暗花明，左右逢源。我们必须进行这种人生修炼，摸清其中的门道。

72. 与客户谈判中“听”的技巧

从字面上看，“谈判”这个词似乎和嘴巴有更大关系而与耳朵的关系不那么密切，但事实上，一个优秀的谈判者始终明白，他应该首先成为一个好的听众。很多时候，保持沉默、学会倾听比口吐莲花、滔滔不绝更能打动你的客户。

我们要想提高收听效果，就必须掌握“听”的要诀，想尽办法克服听力障碍。

第一，专心致志，集中精力地倾听。

专心致志地倾听讲话者讲话，要求谈判人员在听对方讲话时，要特别聚精会神，同时还要配以积极的态度去倾听。

为了专心致志，就要避免出现心不在焉、“开小差”的现象发生。即使自己已经熟知的话题，也不可充耳不闻，万万不可将注意力分散到研究对策问题上去，因为这样非常容易出现万一讲话者的内容为隐含意义时，我们没有领悟到或理解错误，造成事倍功半的遗憾。

精力集中地听，是倾听艺术的最基本、最重要的问题。据心理学家统计证明，一般人说话的速度为每分钟 120～180 个字，而听话及思维的速度，则大约要比说话的速度快 4 倍。因此，往往是说话者话还没有说完，听话者就大部分都能够理解了。这样一来，听者常常由于精力的富余而“开小差”。那么万一这时对方讲话的内容与我们理解的内容有偏差，或是传递了一个重要信息，这时真是聪明反被聪明误，后悔已是来不及了。

因此，我们必须注意时刻集中精力地倾听对方的讲话。用积极的态度去听，而不是消极地或是精神“溜号”地去听，这样的倾听成功的可能性就比较大。注意在倾听时注视讲话者，主动地与讲话者进行目光接触，并做出相应的表情，以鼓励讲话者。比如可扬一下眼眉，或是微微一笑，或是赞同地点点头，抑或否定地摇摇头，也可不解地皱皱眉头等。这些动作加以配合，可帮助我们精力集中，帮助起到良好的收听效果。

需要特别注意的是，在商务谈判过程中，当对方的发言有时我们不太理解、甚至令人难以接受时，万万不可塞住自己的耳朵，表示出拒绝的态度，因为这样的做法对谈判非常不利。作为一名商务谈判人员，应该养成有耐心地倾听对方讲话的习惯，这也是一个良好的谈判人员个人修养的标志。

第二，有鉴别地倾听对手发言。

在专心倾听的基础上，为了达到良好的倾听效果，可以采取有鉴别的方法来倾听对手发言。

通常情况下，人们说话时是边说边想，想到哪说到哪，有时表达一个意思要绕着弯子讲许多无关内容。从表面上听，根本谈不上什么重点突出。因此，听话者就需要在用心倾听的基础上，鉴别传递过来的信息的真伪，去粗取精、去伪存真，这样即可抓住重点，收到良好的收听效果。

第三，克服先入为主的倾听做法。

先入为主地倾听，往往会扭曲说话者的本意，忽视或拒绝与自己心愿不符的意见，这种做法实为不利。因为这种听话者不是从谈话者的立场出发来分析对方的讲话，而是按照自己的主观框框来听取对方的谈话。其结果往往是听到的信息变形地反映到自己的脑中，导致己方接受信息不准确、判断失误，从而造成行为选择上的失误。所以必须克服先入为主的倾听做法，将讲话者的意思听全、听透。

第四，创造良好的谈判环境，使谈判双方能够愉快地交流。

人们都有这样一种心理，即在自己所属的领域里交谈，无须分心于熟悉环境或适应环境；而在自己不熟悉的环境中交谈，则往往容易变得无所适从，导致正常情况下不该发生的错误。可见，有利于己方的谈判环境，能够增强自己的谈判地位和谈判实力，事实上，科学家的实验也证实了人在自己客厅里谈话，比在他人客厅里谈话更能说服对方这一观点。因此，对于一些关系重大的商务谈判工作，如果能够进主场谈判是最为理想的，因为这种环境下会有利于我方谈判人员发挥出较好的谈判水平。如果不能争取到主场谈判，至少也应选择一个双方都不十分熟悉的中性场所，这样也可避免由于客场谈判给对方带来便利和给我方带来的不便。

第五，注意不要因轻视对方、抢话、急于反驳而放弃倾听。

人们在轻视他人时，常常会自觉不自觉地表现在行为上。比如，对对方的存在不屑一顾或对对方的谈话充耳不闻等等。在谈判中，这种轻视的做法有百害而无一利。因为这不仅表现了自己的狭隘，更重要的是难以从对方的话中获得我们所需要的信息，比如判断对方真伪的信息、反驳对方的信息等等。同时，轻视对方还可招致对方的敌意，甚至导致谈判关系破裂。

谈判中，抢话的现象也是经常发生的。抢话不仅会打乱别人的思路，也会耽误自己倾听对方的全部讲话内容。因为在抢话的同时，大脑的思维已经转移到如何抢话上去了。这里所指的抢话是急于纠正别人说话的错误，或用自己的观点取代别人的观点，是一种不尊重他人的行为。因此，抢话往往会阻塞双方的思路和感情交流的渠道，对创造良好的谈判气氛非常不利，对良好的收听更是不利。

另外，谈判人员有时也会出现在没有听完对方讲话的时候，就急于反驳对方某些观点，这样也会影响到收听效果，事实上，如果我们对对方的讲话听得越详尽、全面，反驳起来就越准确、有力。相反，如果对方谈话的全部内容和动机尚未全面了解时，就急于反驳，不仅使自己显得浅薄，而且常常还会使己方在谈判中陷入被动，对自己十分不利。

不管是轻视对方，还是急于抢话和反驳，都会影响倾听效果，必须加以注意。

73. 与客户谈判中“问”的技巧

为了获得良好的提问效果，须掌握以下发问要诀：

第一，应该预先准备好问题，最好是一些对方不能够迅速想出适当答案的问题。同时，预先有所准备也可防止对方反问。

有些有经验的谈判人员，往往是先提出一些看上去很一般、并且比较容易回答的问题，而这个问题恰恰是随后所要提出的比较重要的问题的前奏。这时，如果对方思想比较松懈，突然面对我们所提出的较为重要的问题，其结果往往是使对方措手不及，收到出其不意之效。因为，对方很可能在回答无关紧要的问题时即已暴露其思想，这时再让对方回答重要问题，对方只好自成一体，按照原来的思路来回答问题，或许这个答案正是我们所需要的。

第二，在对方发言时，如果我们脑中闪现出疑问，千万不要中止倾听对方的谈话而急于提出问题，这时我们可先把问题记录下来，等待对方讲完后，有合适的时机再提出问题。

在倾听对方发言时，有时会出现马上就想反问的念头，切记这时不可急于提出自己的看法，因为这样做不但影响倾听对方其谈话下文，而且会暴露我方的意图，这样可能对方会马上调整其后边的讲话内容，从而使我们可能漏掉本应获取的信息。

第三，要避免提出那些可能会阻碍对方让步的问题，这些问题会明显影响谈判效果。

事实上，这类问题往往会给谈判的结局带来麻烦。提问时，不仅要考虑自己的退路，同时也要考虑对方的退路，要把握好时机和火候。

第四，如果对方的答案不够完善，甚至回避不答，这时不要强迫地问，而是要有耐心和毅力等待时机到来时，再继续追问，这样做以示对对方的尊重，同时再继续回答对方问题也是对方的义务和责任，因为时机成熟时，对方也不会推卸。

第五，在适当的时候，我们可以将一个已经发生，并且答案也是我们知道的问题提出来，验证一下对方的诚实程度，以及其处理事物的态度。同时，这样做也可给对方一个暗示，即我们对整个交易的行情是了解的，有关对方的信息我们也是掌握很充分的。这样做可以帮助我们进行下一步的合作决策。

第六，即不要以法官的态度来询问对方，也不要问起问题来接连不断。

要知道像法官一样询问谈判方，会造成对方的敌对与防范的心理和情绪。因为双方谈判绝不等同于法庭上的审问，需要双方心平气和地提出和回答问题，另外，重复连续地发问往往会导致对方的厌倦、乏味而不愿回答，有时即使回答也是马马虎虎，甚至会出现答非所问。

第七，提出问题后应闭口不言，专心致志地等待对方做出回答。

通常的做法是，当我们提出问题后，应闭口不言。如果这时对方也是沉默不语，则无形中给对方施加了一种压力。这时，我们保持沉默，由于问题是由我们提出，对方就必须以回答问题的方式打破沉默，或者说打破沉默的责任将由对方来承担。这种发问技巧必须掌握。

第八，要以诚恳的态度来提出问题。

当直接提出某一问题而对方或是不感兴趣，或是态度谨慎而不愿展开回答时，我们可以转换一个角度，并且用十分诚恳的态度来问对方，以此来激发对方回答的兴趣。实践证明，这样做会使对方乐于回答，也有利于谈判者彼此感情上的沟通，有利于谈判的顺利进行。

第九，注意提出问题的句式应尽量简短。

在商务谈判过程中，提出问题的句式越短越好，而由问句引出的回答则是越长越好。因此，我们应尽量用简短的句式来向对方提问。因为当我们提问的话比对方回答的话还长时，我们就将处于被动的地位，显然这种提问是失败的。

综上几点技巧，是基于谈判者之间的诚意与合作这一命题提出来的，旨在使谈判者更好地运用提问的艺术来发掘问题、获取信息、把握谈判的方向。切忌将这些变成限制谈判者之间为了自己的利益而进行必要的竞争教条。

74. 与客户谈判中"答"的技巧

"问"有艺术，"答"也有技巧。问得不当，不利于谈判；答得不好，同样也会使己方陷入被动。

谈判中回答问题，不是一件容易的事。因为，谈判者不但要根据客户的提问来回答，并且还要把问题尽可能地讲清楚，使客户得到答复。通常，回答的问题不仅应采取容易接受的方法，而且应当巧立新意，渲染己方观点，强化回答效果。谈判中的回答有其自身的特点，它不同于学术研究或知识考试中的回答，一般不以正确与否来论之。谈判中回答的要诀应该是：基于谈判效果的需要，准确把握住该说什么，不该说什么，以及应该怎样说。

而且，谈判者对自己回答的每句话都负有责任，因为客户可能把回答理所当然地认为是一种承诺。这就给回答问题的人带来一定的精神负担与压力。因此，一个谈判者水平的高低很大程度上取决于他答复问题的水平。

掌握谈判的答复技巧应注意以下的要领：

（1）让自己获得充分的思考时间。

谈判中所提出的问题，不同于同事之间的生活问话，必须经过慎重考虑后，才能回答。有人喜欢将生活中的习惯带到谈判桌上去，即对方提问的声音刚落，这边就急着马上回答问题，这种做法很不讲究。其实，在谈判过程中，绝不是回答问题的速度越快越好，因为它与竞赛抢答是性质截然不同的两回事。谈判经验告诉我们，在对方提出问题之后，我们可通过点支香烟或喝一口茶，或调整一下自己坐的姿势和椅子，或整理一下桌子上的资料文件，或翻一翻笔记本等动作来延缓时间，考虑一下对方的问题。这样做既显得很自然、得体，又可以让对方看得见，从而减轻和消除对方的上述那种心理感觉。

（2）不要彻底回答所提的问题。

谈判者要将客户问话的范围缩小，或者对回答的前提加以修饰和说明。比如，客户对某种产品的价格表示出关心，直接询问这种产品的价格。如果彻底回答客户，把价钱一说了之，那么在进一步谈判过程中，谈判者可能就比较被动了。

（3）避正答偏，顾左右而言他。

有时，对方提出的某个问题我方可能很难直接从正面回答，但又不能用拒绝回答的方式来逃避问题。这时，谈判高手往往用避正答偏的办法来回答，即在回答这类问题时，故意避开问题的实质，而将话题引向歧路，借以破解对方的进攻。其实，这只是应付对方的一个好办法。比如，可跟对方讲一些与此问题即有关系又无关系的问题，东拉西扯，不着边际。说了一大堆话，看上去回答了问题，其实并没有回答，其中没有几句话是管用的。经验丰富的谈判人员往往在谈判中运用这一方法。此法看上去似乎头脑糊涂、思维有问题，其实这种人高明得很，对方也拿这类人毫无办法。

（3）减少客户追问的兴致和机会。

客户如果发现了谈判者回答的漏洞，往往会刨根问底地追问下去。所以，回答问题时要特别注意不要让客户抓住某一点继续发问。为了这样，借口问题无法回答也是一种回避问题的方法。例如：“这是一个无法回答的问题。”“这个问题只好留待今后解决。”“现在解决这个问题为时尚早，是不会有什么结果的。”

75. 与客户谈判中“叙”的技巧

（1）叙述应注意具体而生动。

为了使对方获得最佳的倾听效果，我们在叙述时应注意生动而具体。这样做可使对方集中精神，全神贯注地收听。

叙述时一定要避免令人乏味的平铺直叙，以及抽象的说教，要特别注意运用生动、活灵活现的生活用语，具体而形象地说明问题。有时为了达到生动而具体，也可以运用一些演讲者的艺术手法，声调抑扬顿挫，以此来吸引对方的注意，达到本方叙述的目的。

（2）叙述应主次分明、层次清楚。

商务谈判中的叙述不同于日常生活中的闲叙，切忌语无伦次、东拉西扯，没有主次、层次混乱，让人听后不知所云。为了能让对方方便记忆和倾听，应在叙述时符合听者的习惯，便于其接受；同时，分清叙述的主次及其层次，这样即可使对方心情愉快地倾听我方的叙说，其效果应该是比较理想的。

（3）叙述应客观真实。

商务谈判中叙述基本事实时，应本着客观真实的态度进行叙述。不要夸大事实真相，同时也不缩小事情本来实情，以使对方相信并信任我方。万一由于自己对事实真相加以修饰的行为被对方发现，哪怕是一点点破绽，也会大大降低本方公司的信誉，从而使本方的谈判实力大为削弱，再想重新调整，已是悔之莫及。

（4）叙述的观点要准确。

另外在叙述观点时，应力求准确无误，力戒含混不清，前后不一致，这样会给对方留有缺口，为其寻找破绽打下基础。

当然，谈判过程中观点有时可以依据谈判局势的发展需要而发展或改变，但在叙述的方法上，要能够令人信服。这就需要有经验的谈判人员来掌握时局，不管观点如何变化，都要以准确为原则。

76. 与客户谈判中“看”的技巧

“人的眼睛和舌头所说的话一样多，不需要词典，却能够从眼睛的语言中了解整个世界，这是它的好处。”这是爱默生关于眼睛的一段精辟论述。眼睛具有反映人们深层心理的能力，其动作、神情、状态是最明确的情感表现，因此眼睛被人们誉为“心灵的窗户”。

眼睛所传达的信息：

（1）根据目光凝视讲话者时间的长短来判断听者的心理感受。通常，与人交谈时，视线接触对方脸部的时间，正常情况下应占全部谈话时间的30%～60%，超过这一平均值者，可认为对谈话者本人比对谈话内容更感兴趣。当然，有些人可能有自己的独特习惯，比如不愿凝视对方，而只是用心倾听，这应另当别论。

（2）眨眼频率较高，有不同的含义。如果每分钟眨眼次数超过5～8次这个范围，一方面表示神情活跃，对某事物感兴趣，另一方面也表示个性怯懦或羞涩，因而不敢正眼直视对方，而做出不停眨眼的动作，但在谈判中，通常是指前者。从眨眼时间来看，如果超过1秒钟的时间，一方面表示厌烦，不感兴趣，另一方面也表示自己比对方优越，因而藐视对方而不屑一顾。

（3）根本不看对方，而只听对方讲话，是试图掩饰什么的表现。据一位有经验的海关检查人员介绍，他在检查过关人员已填好的报送表时，还要再问一问："还有什么东西要呈报没有？"这时，他的眼睛不是看着报关表，而是看着过关人员的眼睛，如果该人不敢正视他的眼睛，那么就表明该人在某些方面可能有情况，否则，可能没什么问题。

（4）眼睛闪烁不定，则是一种反常的举动，常被认为是掩饰的一种手段，亦可是性格上不诚实的表现。人们有一个共同的特点，那就是做事虚伪或者当场撒谎的人，常常眼睛闪烁不定，以此来掩饰其内心的秘密。

（5）眼睛瞳孔放大，炯炯有神而顾盼生辉，表示此人处于欢喜与兴奋状态；瞳孔缩小，神情呆滞、目光无神，愁眉紧锁，则表示此人处于消极、戒备或愤怒的状态。

实验证明，瞳孔所传达信息是无法用人的意志来控制的。有经验的企业家、政治家或职业赌徒，为了防止对方察觉到自己瞳孔的变化，往往喜欢配戴有色眼镜。如果谈判桌上有人戴着有色眼镜，就应加以提防，因为他可能很有经验。

（6）瞪大眼睛看着对方讲话的人，表示他对对方有很大的兴趣。

眼神传递的信息还有很多，人类眼睛所表达的思想，有些确实是只能意会而难以言传。这就要靠谈判人员在实践中用心加以观察和思考，不断积累经验，争取把握种种眼睛的动作所传达的信息。

通常，眉毛和眼睛的配合是密不可分的，二者的动作往往是共同表达一个含义，但是仅就眉毛而言，也能反映出人的许多情绪变化。眉毛所传达的动作语言是不容忽视的。人们常常认为没有眉毛的脸十分可怕，因为它给人一种毫无表情的感觉。

眉毛所传达的信息：

（1）眉毛上耸，表示人们处于惊喜或惊恐状态。人们常用"喜上眉梢"来形容人的喜悦状态。

（2）眉角下拉或倒竖，表示人们处于愤怒或气恼状态。人们常说“剑眉倒竖”，即形容这种气愤的状态。

（3）眉毛迅速地上下运动，表示亲切、同意或愉快。

（4）紧皱眉头，则表示人们处于困窘、不愉快、不赞同的状态。

（5）眉毛向上挑起，则表示询问或疑问。

人的嘴巴除了说话、吃喝和呼吸以外，还可以有许多动作，借以反映人的心理状态。

嘴的动作所传达的信息：

（1）紧紧地抿住嘴，往往表现出意志坚决。当我们的烈士走向刑场时，嘴角往往是抿着的，表现出革命烈士宁死不屈的英雄气概。

（2）噘起嘴是不满意和准备攻击对方的表现。这种情况在荧屏剧的人物表现上常见。

（3）遭受失败时，人们往往咬嘴唇，这是一种自我惩罚的动作，有时也可解释为自我嘲解和内疚的心情。

（4）当听对方谈话时，如果听者嘴角稍稍向后拉或向上拉，则表示听者比较注意倾听。

（5）嘴角向下拉，则表示出不满和固执。

77. 与客户谈判中“辩”的技巧

（1）观点要明确，立场要坚定。

商务谈判中的“辩”的目的，就是论证己方观点，反驳对方观点。论辩的过程就是通过摆事实，讲道理，以说明自己的观点和立场。

为了能更清晰地论证自己的观点和立场的正确性及公正性，在论辩时要运用客观材料，以及所有能够支持己方论点的证据，以增强自己的论辩效果，更有力地反驳对方的观点。

（2）辩论要敏捷、严密，逻辑性要强。

商务谈判中辩论，往往是双方谁进行磋商时遇到难解的问题时才发生的，因此，一个优秀辩手，应该是头脑冷静、思维敏捷、富有逻辑性的人，只有具有这种素质的人才能应付各种各样的困难，从而摆脱困境。任何一个成功的论辩，都具有思路敏捷，逻辑性强的特点，为此，商务谈判人员应加强这方面的基本功的训练，培养自己的逻辑思维能力，以便在谈判中以不变应万变。特别是在谈判条件相当的情况下，双方谁能在相互辩驳过程中思路敏捷、严密，逻辑性更强，谁就能在谈判中立于不败之地。这也就是谈判者能力强的表现。

（3）掌握大的原则，枝节不纠缠。

在辩论过程中，要有战略眼光，掌握大的方向、大的前提，以及大的原则。辩论过程中要洒脱，不在枝节问题上与对方纠缠不休，但主要问题上一定要集中精力，把握主动。在反驳对方的错误观点时，要能够切中要害，做到有的放矢。同时要切记不可断章取义、强词夺理、恶语伤人，这些都是不健康的、应予摒弃的辩论方法。

（4）态度要客观公正，措辞要准确犀利。

文明的谈判准则要求：不论辩论双方如何针锋相对，争论多少激烈，谈判双方都必须以客观公正的态度，准确的措辞，切忌用侮辱诽谤、尖酸刻薄的语言进行人身攻击。如果某一方违背了这一准则，其结果只能是损害自己的形象，降低了本方的谈判质量和谈判实力，不会给谈判带来丝毫帮助，反而可能使谈判走向破裂的边缘。

78. 与客户谈判中“说”的技巧

想要说服他人的人，总是希望自己能够成功，但是如果不讲究手法，不掌握要领，急于求成，往往会事与愿违。人们在说服他人时常犯的弊病就是：一是先想好几个理由，然后才去和对方辩论；二是站在领导者的角度上，以教训人的口气，指点他人应该怎样做；三是不分场合和时间，先批评对方一通，然后强迫对方接受其观点；等等。这些做法其实未必能够说服对方。因为这样做，其实质是先把对方推到错误的一边，也就等于告诉对方，我已经对你失去信心了，因此，效果往往十分不理想。说服他人的基本要诀主要包括以下几个方面：

（1）取得他人的信任。

在说服他人的时候，最重要的是取得对方的信任。只有对方信任你，才会正确地、友好地理解你的观点和理由。社会心理学家认为，信任是人际沟通的“过滤”。只有对方信任你，才会理解你友好的动机，否则，如果对方不信任你，即使你说服他的动机是友好的，也会经过“不信任”的“过滤器”作用而变成其他的东西。

（2）站在他人的角度设身处地地谈问题。

要说服对方，就要考虑到对方的观点或行为存在的客观理由，亦即要设身处地地为对方想一想，从而使对方对你产生一种“自己人”的感觉。这样，对方就会信任你，就会感到你是在为他着想，这样，说服的效果将会十分明显。

（3）创造出良好的“是”的氛围。

从谈话一开始，就要创造一个说“是”的气氛，而不要形成一个

“否”的气氛。不形成一个否定气氛，就是不要把对方置于不同意、不愿做的地位，然后再去批驳他、劝说他。比如说：“我晓得你会反对……可是事情已经到这一步了，还能怎样呢？”这样说来，对方仍然难以接受你的看法。在说服他人时，要把对方看作是能够做或同意做的。比如“我知道你是能够把这件事情做得很好，却不愿意去做而已”；又比如：“你一定会对这个问题感兴趣的”等等。商务谈判事实表明，从积极的、主动的角度去启发对方、鼓励对方，就会帮助对方提高自信心，并接受己方的意见。

美国著名学者霍华曾经提出让别人说“是”的30条指南，现摘录几条如下，供谈判者参考。

尽量以简单明了的方式说明你的要求。

要照顾对方的情绪。

要以充满信心的态度去说服对方。

找出引起对方注目的话题，并使他继续注目。

让对方感觉到，你非常感谢他的协助。如果对方遇到困难，你就应该努力帮助他解决。

直率地说出自己的希望。

向对方反复说明他对你的协助的重要性。

切忌以高压的手段强迫对方。

要表现出亲切的态度。

掌握对方的好奇心。

让对方了解你，并非是“取”，而是在“给”。

让对方自由发表意见。

要让对方明白为什么赞成你是最好的决定。

让对方知道，你只要在他身旁，便觉得很快乐。

（4）说服用语要推敲。

在商务谈判中，欲说服对方，用语一定要推敲。事实上，说服他人时，用语的色彩不一样，说服的效果就会截然不同。通常情况下，在说服他人时要避免用“愤怒”“怨恨”“生气”或“恼怒”这类字眼，即使在表述自己的情绪时，比如像担心、失意、害怕、忧虑等等，也要在用词上注意推敲，这样才会收到良好的效果。

79. 语调语速运用技巧

这也是有声语言运用中的一个技巧。虽然是相同的语言，但如果语调与语速不同，其表达的含义及其情感也不同，所以推销谈判人员还必须掌握这一技巧。

（1）语调的运用

语调，是指语言在发声过程中呈现出来的一种状况。除了每个字原有的声调外，还包括整个句子里抑扬顿挫的调子。同样一句话，使用不同的调门，采取高低不同的发音，给听者的感受是不同的，也反映了说话者内心的不同情感。俗话说“听话听音”即是这个道理。在与客户谈判的多数场合，人们一般都使用正调，不论是陈述句，还是疑问句，均是按其句子本身所要表达的意思来自然发音的。譬如陈述自己的观点，用诚恳平稳的口气说出：“你方所报出的价格是合理的，我们将认真计算一下，再给你一个最后的确认。”

如果推销谈判人员改用讽刺挖苦的口气，来说上面一段话的意思，就变成：“你方所报的价格真是（升调）合理，我们是得（降调）认真计算计算，你就等着我们确认吧！（言外之意，不可能同你成交）这就成了两种完全不同的意思表达。陈述句是如此，疑问句也是这样，如：同一问题，用商讨的口气提问“贵方认为下一次谈判，在哪里举行合适些？”而不用带有不满和责备的口气提问，就成了：“贵方定好了，下一次谈判地点你们说在哪里举行？”

这就是采用不同语气讲话所产生的效果，因此，作为推销谈判人员在谈判中不仅要了解上述理论，能听懂对方的言外之意，还要学会在不同的场合下讲不同语调的话。

（2）语速的快慢

语速，是指讲话时的缓急快慢。同一句话，语速快慢不同，其效果也不同。推销谈判人员在什么情况下语速可慢呢？又在什么情况下可快呢？一般有下面几种情况可以区分。

可慢的情况：当向对方提问的时候；当谈判对手是老年人的时候；当需要特别强调某事的时候；当使用某些策略（如声明）的时候。

可稍快的情况：当陈述自己观点的时候；当反驳对方无理要求的时候；当不希望再与对方毫无效果地谈下去的时候；当某些策略运用需要快速发言的时候。

其实，快与慢也是有限度的，再快也得让对方能听清自己的讲话内容，再慢也得让对方能接受。同时，快与慢又是相对的，须慢则慢，须快则快。比如，当对方快速发言时，他不给你插嘴的机会，此时你就需要能快速抓住对方的话头，先表示同意，然后再以快制快地陈述自己的意见。不过推销谈判人员最安全的做法还是中速说话，这样既能较平静地陈述自己的观点，也可以给对手一个从容响应的机会，使整个谈判处于一种祥和的气氛之中，同时通过“快”或“慢”为策略的需要或改变创造了条件。

综上所述，可以看出有声语言的表达技巧包含的内容十分丰富。推销谈判人员必须经过长期的学习，摸索和积累才能熟练运用这些技巧。当对某个技巧还不那么熟练的时候，还是以稍为稳妥的习惯语言为好。只要能正常地表达自己的感情和意思，使对方听得明白，这是最为重要的。为技巧而技巧，可能会适得其反，弄巧成拙，反而不好。

80. 态势语言运用技巧

态势语言是通过仪表、姿态、神情、动作等而不是通过声音实现信息发送目的“语言”。在谈判活动中，许多信息都可以通过态势语言表达。罗曼·罗兰曾说过：“面部表情是多少世纪培养成功的语言，是比嘴里讲得更复杂到千百倍的语言。”心理学家阿尔·伯特梅拉毕安曾发现了这样一个公式：“信息的总效果 =7% 的书面语 +38% 的音调 +55% 的面部表情”。由此可见，态势语言在信息表达中占有绝对重要的地位。

态势语言有助于形成第一印象。社会心理学中有一个理论叫“晕轮效应”。这一理论认为，人们给予他人的“第一印象”，往往成为他人对其做出判断的心理依据。心理学家雪莱·蔡根曾做过一个十分有趣的实验。他在大学里挑选了 68 个自愿实验者。这些应试者，在口才，外貌和对事物理解力的判断力上，无甚区别，但在风度仪表方面则差距明显。根据事先的安排，这 68 名应试者分别征求 4 位素不相识的过路人的意见，希望得到他们的支持。结果，风度翩翩者稳操胜券，仪态平平者则屈居人后。公关谈判人员需要经常出入各种场合，更须注意态势，给他人留一个良好的“第一印象”。

常用的态势语言主要有以下几种：

（1）手势语。

手势语是通过手和手指活动传递信息，是态势语言的重要表达方式。

手势变化形态多，表达内容丰富，具有极强的表现力和吸引力。第二次世界大战期间，英国首相丘吉尔在结束电视演讲时，举起握拳的右手，然后伸出食指和中指构成“V”形，以象征英文“胜利”(victory) 一词的开头字母，结果引起全国欢呼。因为这个手势十分形象地表达了英国人民战胜法西斯的必胜决心和信心。

（2）目光语。

目光语是通过眼睛来反映心理，表达情感。意大利伟大的艺术家达·芬奇曾说：“眼睛是心灵的窗户。”甚至有的心理学家还认为，人的视线活动概括了 70% 的态势语言表达领域。芬兰的心理学家还做过这样的实验：把表现演员不同情绪的目光照片，裁成只保留眼神部分的细条，然后让人分辨它们所表现的情感，结果正确率很高。这说明：人们都能解读目光语言。

（3）身势语。

身势语包括坐势语、立势语和卧势语。颇为重要的是坐势语。男性伸开腿而坐，意为“自信”“豁达”；女性并腿而坐，意为“庄重”“矜持”。公关人员要善于从坐姿体会其心理。拿开会来说，坐在前面的人往往对会议抱有期望，而坐在后面或角落的人则对会议较消极。另外，公关人员要注意“陌生人禁区”。这个禁区以伸直手臂、指尖刚刚触到对方臂膀距离为宜。一旦进入这个禁区，对方便会感到不舒服或不安全，甚至试图马上离开。

（4）面部语。

面部语是指通过面部肌肉姿态的变化来表达思想感情。面部可以把高兴、悲哀、痛苦、畏惧、愤怒、失望、忧虑、烦恼、报复、疑惑等心理迅速、敏捷、充分地反映出来。面部表情是反映人心理活动、情绪变化的寒暑表。公关人员一方面要准确、贴切地运用自己的面部表情，表达自己的意图；另一方面要善于“察颜观色”，通过面部语言，来把握其心理、情绪。

尽管态势语言的作用很大，不可或缺，但由于社会规范、工作环境和任务的需要、心理因素等存在差异，对于不同的人来说，其态势语言在流露、表述的层次、程度、方式和姿势上，也会各不相同，甚至截然相反。因此，态势语言的运用也须讲究一定的原则。

首要原则就是自然。有的人说话时，动作生硬、刻板木讷；有的则刻意表演，动作和姿态做作，像在“背台词”。这都会使人觉得不真实也缺乏诚意。因此，才有“宁要自然的雅拙，不要做作乖巧”之说。开口说话时端正姿态，会给听者留下一个好印象。一个人在紧张时，目光会游离不定，眨眼次数增加。因此，透过一个小动作就可以看到这个人的内心。

其次，体态动作要简单精练，不必要的体态语必须去掉。也就是说，举手投足要符合一般生活习惯，简洁明了，易于被人们看懂和接受。如果搞得烦琐复杂，不仅会喧宾夺主，妨碍有声语言的正常表达，也会使听的人眼花缭乱，不知所措。

再次，态势语言的运用还要适度得体。也就是说，动作要适量，以不影响听者对你说话的注意力为准。同时，动作必须与说话内容、情绪、气氛协调一致，不要故作姿态、故弄玄虚，甚至手口不一。

最后还有一点需要注意，态势语言也应生动有活力。只有生动的体态语，才能艺术地表情达意，才能给人以美感，从而产生感染力和征服力。而在日常交际过程中，多种态势语言也应相互配合，整体协调、连贯，从而表现出优美自然的风度美、气质美和韵致美，为听众塑造良好的说话形象。

81. 无声胜有声技巧

大自然是有生命的，而更多的时候我们看到的是它的沉默。沉默是一种生命的内在喧响。在很多情形下，沉默是金，无声可能是谈判中某些时候最佳的技巧。

据说有个挪威商人，为人精明，又能入乡随俗。他来到非洲某国有两个月了。一天，他得到邀请，去当地某高级职员家做客。他来到主人家之后，一连几个小时闭口不谈生意的事。

主人赞扬他说："你是头一个一进门不谈生意的西方商人。"结果，这个精明的挪威商人获得一大笔生意。原来，在非洲，急急忙忙的人通常被认为是可疑的、不值得信任的人。

沉默本身也是一种有效的谈判手段，特别是当你处于被动地位的时候。

沉默的策略，主要是给对方造成心理压力。比如，在涉外经济谈判中，大部分美国人较难忍受沉默寡言，在死一般的沉静之中，他们会感到不安、心慌，最后唠叨起来。对方心理失衡就会失去冷静，不知所措，乱了方寸，发言时就有可能出现漏洞，甚至泄露天机。

沉默，有时可以迫使对方继续讲下去。当人们不想说而又不得不说下去的时候，就会有许多意想不到的微妙事情发生，对方也许一不小心就露了馅、招了供，或者做了什么忏悔，从而使你有机可乘，迫使对方不得不让步。比如，卖方报了一个价，说："这是我方所能接受的最低价了！"你可能会马上回应："这太高了……"并说出种种理由，来解释、证明为什么说这个价太高了。这样，你就处在被动的防御地位。如果你不急于说"太高了"，而是沉默不语，也许那情形就会有所变化。这时，对方就有可能为了打破你的沉默，而继续说些什么，来证明他的这个报价是合理的。可是一旦他把支持这个报价的理由全都说完了，他就"弹尽粮绝"了。这时留给对方的选择，要么是投降，要么是放弃，即使不至于如此悲惨，为保住阵地，他只得无话找话，硬撑着往下说，这时你就有机会得到那个真正合理的价格了。

沉默，也可以表露你的不满意。比如，当你的对手结束了他的讲话后，又加了这么一句："怎么样，您怎么想？"而你只是沉默地摇了摇头。这局面深不可测，令人困惑不解。如果你还将这沉默延续那么几秒钟，你的对手很可能将被迫想方设法来打破这种沉闷。因为就一般的倾向而言，沉默是一个需要填补的空白。

在谈判过程中，有时你确有必要让对方知道，他所讲的是毫无意义的。这时，你可以装作查阅文件或者朝窗外看看，来表示这一信息。

当你即将道出一个重要论点时，先沉默一会儿，还可能对强调你将要讲的东西有所帮助。比如，你要拒绝一个报盘，你可以这样说："我真不知道怎么说好……但是你们的价格未免高得不合情理了！"你在讲这话的中间稍稍沉默一下，这就引起了对方对你下面要讲的话的注意。沉吟片刻还可以表明，你下面说的话并不是你愿意说的，你是富有同情心的。这将鼓励对方继续跟你谈下去，以寻求达成协议的可能。

当然，运用沉默策略要注意审时度势，否则会适得其反。比如，在面对还价时沉默，对方会认为你是默认；又如，沉默的时间较短，对方会认为你是慑服于他的威力，反而增添了对手的谈判力量。因而运用这一策略的前提是，头脑要清醒，情绪要平稳，忍耐力则要强。

第九章

讲价有学问：与客户进行价格谈判的技巧

在谈判者与客户的交锋中，与双方的经济利益有关的内容无疑是最核心、最敏感的话题，无论是任何一方都一定是寸步不让、据理力争，而价格无疑是核心中的核心。善于讨价还价是促使谈判成功的重要因素。讨价还价很重要，但并不是所有的谈判者都对此精通。相反，很多人不善于讨价还价，或者不敢讨价还价，结果在谈判中吃了大亏。

82. 应先报价还是后报价

依照惯例，发起谈判者应该先报价，投标者与招标者之间应由投标者先报，卖方与买方之间应由卖方先报。先报价的好处是能先行影响、制约对方，把谈判限定在一定的框架内，在此基础上最终达成协议。比如：你报价一万元，那么，对手很难奢望还价至一千元。南方一些地区的服装商贩，就大多采用先报价的方法，而且他们报出的价格，一般要超出顾客拟付价格的一倍乃至几倍。1 件衬衣如果卖到 60 元的话，商贩就心满意足了，而他们却报价 160 元。考虑到很少有人好意思还价到 60 元，所以，一天中只需要有一个人愿意在160元的基础上讨价还价，商贩就能盈利赚钱。当然，卖方先报价也得有个“度”，不能漫天要价，使对方不屑于谈判——假如你到市场上问小贩鸭蛋多少钱1斤，小贩回答200元1斤，你还会费口舌与他讨价还价吗?

先报价虽有好处，但它也泄露了一些情报，使对方听了以后，可以把心中隐而不报的价格与之比较，然后进行调整：合适就拍板成交；不合适就利用各种手段进行杀价。

美国著名发明家爱迪生在某公司当电气技师时，他的一项发明获得了专利。公司经理向他表示愿意购买这项专利权，并问他要多少钱。当时，爱迪生想：只要能卖到5000美元就很不错了，但他没有说出来，只是督促经理说：“您一定知道我的这项发明专利权对公司的价值了，所以，价钱还是请您自己先说吧！”经理报价道：“40万元，怎么样？”还能怎么样呢？谈判当然是没费周折就顺利结束了。爱迪生因此而获得了意想不到的巨款，为日后的发明创造提供了资金。

先报价和后报价都各有利弊。谈判中是决定“先声夺人”还是选择“后发制人”，一定要根据不同的情况灵活处理。

一般来说，如果你准备充分，知己知彼，就要争取先报价；如果你不是行家，而对方是，那你要沉住气，后报价，从对方的报价中获取信息，及时修正自己的想法；如果你的谈判对手是个外行，那么，无论你是“内行”或者“外行”，你都要先报价，力争牵制、诱导对方。自由市场上的老练商贩，大都深谙此道。当顾客是一个精明的家庭主妇时，他们就采取先报价的技术，准备着对方来压价；当顾客是个毛手毛脚的小伙子时，他们多半先问对方“给多少”，因为对方有可能报出一个比商贩的期望值还要高的价格。

先报价与后报价属于谋略方面的问题，而一些特殊的报价方法，则涉及语言表达技巧方面的问题。同样是报价，运用不同的表达方式，其效果也是不一样的，下面举例说明之。某省保险公司为动员液化石油气用户参加保险，宣传说：参加液化气保险，每天只交保险费一元，若遇到事故，则可得到高达一万元的保险赔偿金。这种说法，用的是“除法报价”的方法。它是一种价格分解术，以商品的数量或使用时间等概念为除数，以商品价格为被除数，得出一种数字很小的价格商，使买主对本来不低的价格产生一种便宜、低廉的感觉。如果说每年交保险费 365 元的话，效果就差多了。因为人们觉得 365 是个不小的数字。而用“除法报价法”说成每天交一元，人们听起来在心理上就容易接受了。

83. 报价应注意的问题

开价一定要高于实价——也许你认为这个问题很初级，但真的有许多谈判人员是怕报高价的，他们害怕在首轮谈判中就被淘汰出局而永远失去机会，如果你对报高价心存恐惧，那读读以下的理由：

（1）留有一定的谈判空间。你可以降价，但不能涨价。

（2）你可能侥幸得到这个价格（在资讯发达社会可能性愈来愈小，但试试又何妨）。

（3）这将提高你的产品或服务的价值（尤其是对不专业的客户）。

除非你很了解你的谈判对手，在无法了解你的谈判对手更多的情况下，开价高一定是最安全的选择。

采取“假定……将会”的策略，目的是使谈判的形式不拘泥于固定的模式。比如，在谈判中不断地提出如下种种问题：“如果我再增加一倍的订货，价格会便宜一点吗？”

“如果我们自己检验产品质量，你们在技术上会有什么新的要求吗？”

在试探和提议阶段，这种发问的方法不失为一种积极的方式，它将有助于双方为了共同的利益而选择最佳的成交途径。

然而，如果谈判已十分深入，再运用这个策略只能引起分歧。如果双方已经为报价做了许多准备，甚至已经在讨价还价了，而在这时，对方突然说：“如果我对报价做些重大的修改，会怎么样？”这样就可能有损于已形成的合作气氛。

因此，“假定……将会”这个策略，用在谈判开始时的一般性探底阶段较为有效。

84. 货比三家

事物的利弊、价格的高低都是比较的产物，有比较才能有所鉴别。在商业谈判中“货比三家”法是必不可少的技巧。

货比三家是一种主动选择，它的主要目的有二：一是在同等价格中选择质量较好的商品；二是在同等质量中选择价格较低的商品。当然，还有其他的一些条件需要加以综合考虑，诸如付款条件、交货时间等。

货比三家法首先是对谈判主题有关情况进行了解，以便掌握同类商品的不同价格，同类质量的不同商品价格。最终利用价格与质量的差异，利用卖主之间的相互竞争来迫使对方降价，以最有利于自己的方式成交。但是，对商品质量与价格的比较并非易事。这种工作常常需要具有会计师那样精于计算的头脑与工程师那样善于鉴别的眼光，并且运用各种资料才能做出一个明智的决定。很多买主都希望卖主的标价可以像挑苹果似地进行比较、选择。不过他们很少能够如愿，因为商品种类不同，商品的取舍不是单纯从价格、质量上简单比较，更在规格、包装、性能上存在差异。这就使得一个不精于此道的谈判者难以决断。

当然，一个熟悉业务的买主，一个富有经验的谈判者知道问题之所在。他会请会计师、工程与成本分析专家来整理分析有关资料，并和卖主会谈；然后分两三个阶段进行购买工作。首先取得每个卖主的标价单，只要可能就设法得到详细的价格分析，使各产品能像苹果似的标上各种不同的价格，以供比较选择，然后再挑出一个价廉物美的苹果来。

作为卖主，如果你的产品在价格上具有优势，则要重点强调这一点，并努力消除客户关于质量的疑虑——因为很多人都有“便宜无好货”的思维；如果你在价格上没有优势，则要强调“一分钱一分货”的道理，重点强调你的产品在质量方面有何独到之处。一个了解自己业务的谈判者会以一种从事艰苦工作的态度来进行比价或回应客户的比价，会请工程和成本分析专家将资料调整成可以比较的形式。

作为买主，在谈判时同时选几家商谈进行对比，以选其最优，这也是家喻户晓的商场上的信条。有比较才能知优劣，有竞争才能见高下。选择的几家谈判对象实力应不相上下或各有特长，旗鼓相当、势均力敌、各怀绝招，竞争各方才有信心，评比起来才有力度。采取这种方式谈判必须有周密的安排，时间、人员、方式等方面都要安排妥当，既要便于分组进行，又要便于及时汇总分析，虽繁忙紧张却有条不紊。评比方式要科学。这种谈判方式的工作量大，内容繁多，过程复杂，因此，事先就要准备好科学、快捷、统一的评比方法、评比内容，以保证时效和避免个人情感因素的干扰。

无论作为买方还是卖方，比价时要做到重点和一般相结合。在谈判中，应平等对待所有参加谈判的对手，但也应有突破重点。平等对待是信誉的需要，重点突破是谈判全局的需要，两者结合，相辅相成，能取得更好的效果。对货比三家之后做出的选择，要信守承诺，不能轻易推翻。万一出现特殊情况，必须重新考虑时，也应该向对方充分说明原因，并给对方创造一定的条件，最大限度地做好善后工作。

85. 哭穷战术

哭穷在商务谈判中会起作用，它简便、有效而符合道德。

用一个普通例子就能说明它是如何起作用的。有一个房主想整修他的院子。照理说，根据地形，这项工作是复杂的。当地一家建筑商报价为 10000 元。这是一个既不最高也不最低的报价。它最可行且能满足用户的需求。问题出在房主只想花 7000 元，而不是 10000 元。

“我很喜欢你的报价。”房主说，“但我只有 7000 元。”然后他尽量使建筑商相信这一“事实”。建筑商与房主反复协商，向房主提出改变报价或者提供其他可用方案，但最后还是答应了房主这个 7000 元的出价。

怎样对付哭穷战术，并拿来为其所用呢？当买主向他哭穷时，谈判人员应该想到并做到如下几点：

（1）检验哭穷。多数预算是有伸缩性的。

（2）在谈判之前，你就得准备多种交货和价格方案。

（3）如果你对哭穷战术尚无准备，要找时间研究这个问题。

（4）找准真正的决策人，他是否对所要的东西做了决定。

（5）改变付款时间表，如果买主现在没有足够的钱，以后他可能有。他可能更喜欢延迟支付或在圣诞节以后支付。

（6）弄清谁有钱以及谁将付最后的账单。

（7）让买主去做些工作来满足他自己的哭穷。

准备去应付哭穷的推销员能把它变成一种机会。它能为买主提供一种满足其需求的产品，但仍为卖主留下比较大的利润。卖主要想得到较满意结果，那么他在谈判前该问一下自己："如果买主向我哭穷，我该怎么办？"如果他正确处理了哭穷，那么当别人还在慌忙应付时，他就讲好了价钱。

买主哭穷的实质是他对推销员说："我喜欢你卖的东西，但我只有这么多钱，请你帮我一下。"卖主哭穷则是说："我想把它卖给你，但我不能，除非我们先解决几个简单的问题。"

卖主的哭穷策略一般有以下一些形式：

（1）最少订货100件。

（2）如果你想要42码的鞋，你还必须买几个48码的。

（3）买这台机器必须带两年其他保证。

（4）如果你出这个价钱，我们就只能在6个月以后交货。

（5）如果你100%订我们的货，我们能满足你的要求。

（6）这是我们的标准设备。如果你能改变你的技术规格来适应它，在满足你的价格需求方面我们将优于任何人。

（7）我们同意，但你必须如此改变设计以适应我们的生产线。

（8）如果你肯给我们10万元预付金我们可以做。哭穷对买主和卖主一样有意义。对卖主来说，它可以帮助完成销售、增加订货量、提供更好的产品或者瞄准买主的实际预算。

86. 如何应对客户的蚕食策略

经验告诉我们：一个优秀的谈判人员可以一直说“不”，可他仍然可以做成生意。只有那些缺乏生意经验的谈判人员，才会在顾客提出无理要求的时候也表示欣然接受。

和这样的客户谈判时，想不过多地出现分歧是很难做到的。许多销售人员会在有意、无意之间使得客户勃然大怒。在出现分歧时候，有两类最常见的通病会不时地出现：

第一个就是喋喋不休，有些销售人员会不断地重复某一观点，直到顾客感到烦躁和尴尬为止，其实机会是在客户第一次听你说时已经出现。如果你的逻辑推理或者长篇大论似乎在表明客户非常愚蠢，你便又在无意中惹恼了客户。

第二个错误就是对客户的每一个观点都进行反驳，这肯定会导致争吵而伤和气。当顾客在说“黑”时，你千万别说“白”，即便你确信客户错了，也不要当面指责他。对待那些咄咄逼人、但又十分重要的客户，你的反应应该是具有肯定意义的消极对待。既不与之争斗，也不能让客户占了你的便宜，不能屈服，但更不能反击。可以回避、搪塞，但是要坚持原则。千万不要把所有的路都堵死了，一直保持总有新的思路在延伸。试着把客户引到你的思路中来，一旦达到双赢的目的，问题就迎刃而解了。

（1）看穿对方的诡计，直接指出来。也许对方和你一样不愿意使商谈触礁，而愿意与你开诚布公地谈谈。

（2）订下一个不能超越的预算金额，然后努力去争取。

（3）尽量使对方在合同上签署的人数愈多愈好。因为在合同签好以后有一些毫无道德、不讲原则的人，常借口上级不同意而推翻整个协定。倘若在合同上签署核准的上级人数愈多的话，准备使用这个策略的人也就愈难得逞。

（4）反抬价，反击回去：也推翻你和他所达成的协议。

（5）召开小组会议。集思广益来思考对策。

（6）合同没有签订好以前，不要不好意思要求对方的某种保证，以防他反悔，你可能因为此举而得到很稳固的保证。

（7）考虑退出商谈。

这些方法并不一定能够成功。使用抬价战略的人自然知道自己在做什么，并且多半自认胜利在握。所以，当你给予对方有力的反击时，你会发现他的损失比你还要大，你可以扭转颓势，反败为胜。但是记住对方也不是傻瓜．他是一个强硬的对手，想要胜过他势必较为艰苦。

87. 如何应对买方拍卖式询价

一名顾客前来购买盘子，他向老板问道："这个铜盘子多少钱？"

精明的老板回答："你的眼光不错，75块。"

顾客："别逗了，这儿还有块硬伤呢，便宜点。"

老板："出个实价吧。"

顾客："我出15块钱，行就行，不行拉倒。"

老板："15块，简直是开玩笑。"

顾客做出让步："那好，我出20块，75块钱我绝对不买。"

老板说："小姐，你真够厉害，60块钱马上拿走。"

顾客又开出了25块，老板说进价也比25块高。顾客最后说，37.5块，再高她就走人了。老板让顾客看看上面的图案，说这个盘子明年可能就是古董等等。

在这个谈判中，顾客出价从15块到20块、25块，到37.5块，逐渐上扬，而老板出价从75块到60块，逐渐下降，在讨价还价中双方的阵地都被“蚕食”，这就是阵地型谈判的例子。

起点要高，让步要慢。讨价还价是谈判过程中最常见的事了，你可以从一些你能做出让步的方面开始下手。大量的例子表明，你的期望值越高，谈判结果就越理想，而你的期望值越低，谈判的结果就恰好相反。在谈判开始之前，一旦你降低了自己的期望值，你就已经在自己的脑海中做出了第一步退让。客户则会很自然地向你直逼下去。有句老话：“先让者输。”

但有一种情况，就可以这样做，那就是你必须了解到你的客户并没有除了你以外的其他供货渠道。这时销售人员为了能让交易顺利进行下去可以先做出让步，对惜时如金的销售人员来说，浪费时间是件不可思议的事。

例如：某公司国内市场部经理在与客户打交道时坚持要绝对诚信。谈判前他总要向客户出示价格表并且说：“这是我们的标准价格表。但是，鉴于你们是家大客户，我们会给你们一定的折扣。”客户还未提出要求，他便打破沉默，率先做出了让步，因此，他每次都会顺利地提前结束谈判。

这样做关键一点是时刻都要让你的让步有所回报，并且要了解它给你带来的经济价值有多大。请记住，任何让步对买卖双方都会产生不同的价值，所以开始做出的让步一定要让客户认为价值很大，而实际上对公司来说并不造成任何的成本上升。

88. 运用服务作为讨价还价的工具

在与重要的客户打交道时，最重要的就是避免出现一拍两散的局面而应尽量让谈判继续下去，从中找到可行的解决方案。很多销售人员认为价格是自己拥有的唯一变量因素，如此狭隘的想法极其危险。虽然价格是引起买卖双方利益冲突的最敏感话题，但仅仅考虑价格最后的结果只会既削减了利润，又增添了买卖双方彼此间的敌视。

正确的做法应该是把目光集中到客户与你的共同利益上来。例如：在谈判的过程中，多谈些关于前、售中和售后服务的话题，在谈判中加入培训计划和考察计划为稍后即将谈到的价格，找到它的价值所在。

销售人员的工作就是从商品和服务中找出特殊部分，该部分可以在不损害卖家利益的前提下，增添客户所能得到的价值。例如：对于有特殊要求的客户，是让客户自行完成设计方案还是交由厂家完成?

有了这项选择，厂商就可以把话题由价格引到产品发展过程中的价值增值服务的问题上来。由此厂商的收入和利润就获得了显著的增加。

对于无差别的产品，你可以关注它的服务，从而增添变量因素。例如：普通商品的销售，可以考虑一下付款方式的选择、数量折扣、搭配销售等变量因素，你所掌握的变量因素越多，谈判成功的概率就越大。

比如，客户说："你的价格太贵。"那么，我们可以说："我是货真价实。就怕你一味贪图便宜，商业中流行着这么一条准则，叫做一分钱一分货，便宜无好货。"通过抛出这段话之后，再看对方的反应，看看他到底是不是真的认为价格太高，可以从中探究出他的价格承受能力。

89. 不让客户还价的秘诀——多重报价

不论是卖产品的三流销售，还是卖概念的一流销售，最终都得老老实实地回到与客户讨价还价的阶段。在此之前，是销售拿产品的价值说事，而现在起就是客户拿产品的价格说事了。

怎么才能让客户不斤斤计较，在价格问题上还个昏天黑地呢？著名战略谈判公司 CEO 戴特迈尔根据多年经验总结出一个方法：多重报价。

（1）何为多重报价？

多重报价的含义，就是给客户三种选择方案，而不是只有一种。如果只提供一种方案，客户就会本能地想着还价。而如果从低到高给出三种方案的报价，客户的注意力便会从“我要还价”转移到“哪种方案更合适”上。客户会开始思考，“第三种方案价格太高，第一种提供的价值又不够充足，还是第二种最合适”。

（2）怎样应用多重报价？

不过，多重报价的方法并非万无一失。客户可能会要求用最低的报价买最高报价的方案，并且诱使你分项列出每一项的单价。千万不要这样！这样就给了客户逐项还价的机会。

另外，客户也可能要求你把第二种方案的价格下调。这种情况下，你要学会交换。要么从方案中去掉一些对客户来说不太重要的项目；要么让客户提供一些对你有用的东西作为交换，比如将你介绍给公司的其他部门。不管怎样，谈判的原则是：除非有交换，不然不轻易降价。

其实，降价反而会让客户不悦。如果轻易地降低价格，会让客户觉得你的报价有很大的水分，减少对你的信任与尊重。而如果采用交换的方式，你既不会损失自己的利益，又会让客户更相信你。

在戴特迈尔看来，多重报价最大的好处，就在于将销售与客户从对立的两方转化到同一阵营中来。当你提供多重选择方案时，客户感觉到自己是在主动地做选择，而不是被动地与你展开价格拉锯战，因此谈判起来就会更合作。戴特迈尔说这个方法他屡试不爽。

90. 让价有学问

如果你是卖方，相信经常会遇到难以搞定的对手。他们对你的产品报价不置可否，而且还对你强调和目前的供应商合作愉快，根本没有调换的可能。倘若你意志不坚定相信他们的鬼话，其后果就是彻底丢掉这笔生意。

全世界任何一个买家都不会轻易地丢掉一笔好交易，之所以拒绝你，是因为他们在试图了解你的底牌，所以无论出现何种情况，希望你能再坚持一下，这对你不会造成什么损失。就在你即将放弃的前一秒钟，通常他们会问："你的最低价格是多少？"狐狸尾巴终于露出来了，在这之前复杂的铺垫就是为了这句话。

这时候你会怎么办？把底价报给他们？决不！当他们听到最低报价会不会善罢甘休？当然不会！他们继续会以不合作的态度逼你，即使双方未能达成交易，他们也是赢家，因为买家已经掌握了你的底线，无论是下一次与你谈判还是和其他公司交易，他们都优势在手，主动权在握。

你最好的回应就是请他们出一个合适的价格，刺探买家的底牌，当然他们不会如此直率，买家对于自己的底牌会守口如瓶，有打死也不说的坚定信念，同时他们还会迫使你说出具体的数字。怎么办呢？如果是我的话就会坚持到底，看看谁更有耐心，我会再重复一遍之前的话："还是你们出个更合适的价吧？"然后采取本书所介绍的策略：沉默。百分之百的沉默，一个字也不说！

这是一个最艰难的时刻，尤其是对一位性格外向的人来说简直就是煎熬，如果谈判室里有钟表那就更加恐怖了，那种有节奏的滴答声好像是生命的倒计时，又如同西部牛仔生死决斗前的丧钟，屋里一片沉寂，能听到的只有双方急促的呼吸声……时间在一分一秒地逝去，你第一次感觉时间是这般的难熬，看看对方的表情，他也是一样的紧张，虽然还是面带微笑地看着你，但他的笑容已经在慢慢地僵硬，他的眼神逐渐空洞无神，他在等待你的崩溃，你会吗？

一般情况下，先开口的一方就是让步的一方，甚至连说辞都极为相似："好吧，我再让步 5%，这是最后的让步，如果你不同意，那么现在就终止谈判。"就是这么简单，看似没有结果的交易突然峰回路转、柳暗花明。当然，希望先开口的人不是你，宁可咬破嘴唇了也不能开口。这不是与生俱来的超能力，沉默也需要训练，你信不信？

沉默不仅能够迫使对方让步，还能最大限度掩饰自己的底牌。你没弄清对方的意图前不要轻易地表态。在正常的谈判中，对于同一个问题一般总会有两种解决方案，即你的方案和对方的方案，你的方案是已知的，如果你不清楚对方的方案，则在提出本方的报价后，务必要设法了解对方的方案再做出进一步的行动。

在任何谈判中都包含有四方面的信息。其中有两种是你知道的——你的报价和底价，而对方的底价是很难了解的，所以，只有找到第三种信息才能占据谈判优势，即对方的开价。事实上，对方会极力隐藏自己的开价，谁也不愿意束手就擒。

就像一本畅销的推理小说，线索环环相扣，情节扑朔迷离，阅读前五章时你会一头雾水，在千头万绪的环节前一筹莫展，在故事逐渐推进的同时，一个小环节使你突然茅塞顿开，随后就是顺藤摸瓜，找到故事的最终答案。所有的玄机都在这个小环节上，所有的推理小说都是由小问题引出大阴谋，而不是相反。谈判也是同样的道理。

91. 让对方对最后价格感到满意

在谈判中，双方的需要和利益的满足，不是绝对的，而是要看他们对事物评价的方法。奉行皆大欢喜的谈判方针，让客户对谈判结果满意，是要在不损害我方利益的前提下，寻找为双方提供最大满足的最好的方式。比尔·斯科特用下面这个小故事来说明皆大欢喜的方针。

杰克·琼斯想为女朋友买一枚戒指。他已攒了大约 400 英镑，并且每星期还继续攒 20 英镑。一天，他来到史密斯珠宝店，一下子被一枚标价 750 英镑的戒指吸引住了，但他买不起。琼斯很沮丧，后来他偶然又走进布朗珠宝店，那里有一枚与史密斯店里的那枚很相似的戒指，每枚标价 500 英镑，他想买，但心里还惦记着史密斯店里那枚 750 英镑的戒指，希望数星期后这枚戒指还没有卖出去。

很幸运，史密斯珠宝店的戒指不但还没有卖出去，价格还降了 20%，减为 600 英镑。琼斯很高兴，但钱还是不够。他把情况向老板说了，老板非常乐意帮助他，再向他提供 10%的特别优惠的现金折扣，现为 540 英镑；琼斯当即付了 450 英镑，并承诺月底付清 90 英镑。然后怀着愉悦的心情离开了。这样琼斯少花了 210 英镑，他的女朋友得到了价值 750 英镑的戒指，两人都满心欢喜。

当然，史密斯珠宝店也很满意。他们和布朗珠宝店一样，都是以每枚 300 英镑的价格从批发商那里购进同样的戒指，但史密斯珠宝店获得了 240 英镑的利润；而布朗珠宝店的标价虽然一直比史密斯的低，但未吸引住琼斯。

在上例中，琼斯对这笔交易的评价是，他得到了一枚价值 750 英镑的戒指，而且那是个仅有的、随时有可能被别人买走的戒指。他为自己聪明地等待了数星期后获得减价的好处而感到愉快，还为经讨价还价后又得到 10%的优惠现金折扣而高兴。而史密斯珠宝店在这次谈判中所采取的每一步骤，都是为了使琼斯得到满足。包括：使戒指具有高贵感；使他在讨价还价中有获胜感；使他有成交后的获益感等。这些感觉综合起来，使他在心理上得到了满足，同时也为卖方带来了利益。

总之，“皆大欢喜”的谈判方针所使用的方法，应能保证对方得到满足，同时又使我方获得预期的利益。它不是把蛋糕做得尽可能大，而是根据不同需要、不同价值观，分割既定的蛋糕。但是，如果任何一方所得到的是半个以上的蛋糕，那是不公平的。如果一方的好处在于得到蛋糕中的比较多的“果料”，而把另一方喜欢吃的蛋糕上的那层“奶油”让与他，那就更好了。这样，双方都觉得他们吃了最可口的部分，都从这块蛋糕上得到了百分之六十的满足。

第十章

真诚胜于技巧：与客户谈判中的攻心术

提到谈判、说服时，有关“谈判的技巧”“说话的技巧”等必然格外受到重视，适当地运用技巧无疑有助于谈判取得成效。但另一方面，专家们早已指出“所谓协议性谈判，与威胁、说谎、欺诈、控制一类行为已经全然绝缘。”“把谈判、说服的技巧视为欺骗之辞令时代已经结束。”强调技巧而失掉诚信，很多时候是一种舍本逐末的行为。

92. 不做“大忽悠”，谈判以诚信为本

中国人有时说到“技巧”，往往会联系起“机巧”，实际一字之差、谬以千里，在谈判中尤其如此。我看到周围太多拙劣而自以为是的谈判家：

（1）有一类甲方，因某种地位上的优势，例如掌握稀缺资源，就会摆出一副臭脸，似乎对方只配舔自己的脚丫子，得到一点残羹冷炙就足以对自己感激涕零了。他们如恶魔一般搜刮尽对方的所有，似乎对方梦寐以求的是交易本身，即便倾家荡产也在所不惜，所以他动辄拿取消交易作威胁。

（2）反向的一方也有配合的，否则就不会有上述甲方存在了，这一方往往出于内部机制的短期效益化或是侵占市场份额、利用规模优势挤垮对手的目的，极尽唯唯诺诺之能事，满足对方一切不合理要求，借此把“豪气”不足的竞争对手排挤在外。

（3）更多的一种甲方与乙方相同，他们对交易都充满渴望，但同时幻想着对方利益最小化、己方利益最大化。他们像菜市场上讨价还价的小贩一样，一点一点地向后退，并指天发誓自己已经竭尽所能，甚至在亏钱做这笔买卖，仿佛买卖对他们来说是一种不得已的行为，或者只是在交朋友。这类谈判者的误区在于小觑了对方的信息充足量，还以为可以在信息不对称中占对方的便宜。

以上三种谈判者，显然很难走向下一次成功的合作。第一种的错误在于，既没有永远的卖方市场，也没有永远的买方市场，在自由市场经济时代，暂时的垄断优势很容易被打破，在一次谈判中显露出来的蛮横和贪婪，会让所有交易对手远离。第二种，如果他足够幸运地没有因为这笔生意破产，他的上级管理者也不会允许出让己方利益的谈判不断复制下去。第三种，一旦他的真实信息败露，商业信誉毁于一旦，那么还有下次吗？

为人、做事以诚信为原则，即遵循法律、法规以及普遍的社会道德准则；商业行为是以盈利为目的经济活动，其直接的受益者是小团体或个人。中国社会自古认为“无商不奸”，并同时用“货真价实，童叟无欺”来劝诫、约束谋利行为，说明人们早已认识到商业行为中充满了奸诈与诚信的矛盾。有人将谈判能力归纳为八个方面，而其组合就是NOTRICKS（直译为“没有欺诈”），其中每个字母又代表了八个单词——need（需求）、options（选择）、time（时间）、relationships（关系）、investment（投资）、credibility（可信性）、knowledge（知识）和skills（技能）。这高度概括了商务谈判的实质和原则，中国古语中也有对此的箴言，即“货真价实、童叟无欺”。

有些聪明的谈判人员认为，“把一筐烂柿子当成三筐好柿子卖出去”就是不辱使命。诚然，“把一筐烂柿子当成三筐好柿子卖出去”，得到了空前的利益，但这种片面“单赢”的做法，实质上是一种“坑、蒙、拐、骗”行为。小而言之有损已方声誉，弄得自己在商场上神憎鬼厌、人人喊打，最后即使有“三筐好柿子”，也没人敢用“一筐烂柿子”的价钱购买，实在无异于饮鸩止渴；大而言之违反了法律“公平”原则，有“偷鸡不成反蚀一把米”的危险。

通过赵本山小品中“卖拐”式的“大忽悠”手段，可能暂时赢得少数客户，但很难在生意场中获得长足发展。诚信是包括商务谈判在内的一切商业活动的基石，它不仅仅是经济生活的润滑剂，在市场经济发展到一定规模时，诚信已成为了“现代政治经济学的规律之一”，因此在商务谈判中贯彻诚信的原则是后续商业行为和目标得以顺利实现的必要前提。

93. 会微笑的人到处受欢迎

在谈判交往中，最常用也是最有用的脸部表情之一就是会谈者的笑容。愿不愿、会不会恰到好处地笑，实际上反映出谈判代表适应环境气氛、成功进行谈判的能力。

一般地说，交谈中讲话者的表情要受到两种因素的制约，一是对接受者的态度、感情；二是所表达的言辞内容。就对接受者的态度、感情来说，讲话者的表情基调应是微笑。一则因为微笑是和融洽的关系相契合的，微笑乃是社交上最好的非语言性信号；二则因为微笑时的面部肌肉容易控制，可以长久维持笑貌。就所表达的言辞内容来说，笑的分寸的掌握就显得更为重要。在正式谈判活动中，即使是在存在某些不同见解、甚至意见截然对立的会谈中，虽然要求“不苟言笑”，然而也不宜死板着面孔。在这种场合，嘴角的一丝微笑使人显得矜持高雅，大度包容。“微笑外交”甚至成为许多外交家为人称道的风格。当然，只有发自内心、自然坦诚的笑，才能真正使对方的心弦产生共振。

在谈判交往中，谈判人员会笑，往往还是具有幽默感的标志。因为幽默往往是通过恰到好处的嫣然一笑流露出来的。例如初次见面，说句笑话，在笑声中就消除了双方的拘束感；身处窘境，自嘲地开个玩笑，也可摆脱窘境；别人有所冒犯，可大度地一笑了之；对方如若出了什么差错，一句笑话也许就能为对方解围。总之，善意而恰到好处的笑，使自己轻松自如，使别人心旷神怡。谈判者与客户之间笑的反馈，可以筑成彼此交流的桥梁，感受对方的感情态度，理解对方的思想观点，从而共同创造出理想的言语交际效果。

94. 不要吝啬你的赞美

赞美是一种有效的交往技巧，能有效地缩短人与人之间的人际心理距离。美国心理学家威廉·詹姆士指出：“渴望被人赏识是人最基本的天性。”

人人都渴望被别人赞美，它代表自己被人认同、被人接纳、被别人欣赏，代表自己的一种存在价值。

人都需要赞美，但并非所有的赞美都能使对方高兴，赞美对方也要善赞。在谈判过程中，当我们恰如其分地赞美对方时，不仅能使他感到高兴，也是我们自己真诚大方的表现。赞美是一件好事，但绝不是一件易事。赞美如果不审时度势，不掌握一定的赞美技巧，即使你是真诚的，也会变好事为坏事。尤其在谈判中，失当的赞美可能会给对方留下不好的印象，从而不利于己方在谈判中的地位。

因此，赞美要掌握一定的技巧。赞美人有下列五项重要法则：

法则一：真实。虚构会令人尴尬、怀疑。

法则二：真诚。真诚是赞美的灵魂，假惺惺会令人逆反。

法则三：举例有具体例证。举例证明是赞美人的核心技巧。

法则四：恰到好处。不可夸张，夸张等于虚构。

法则五：角度独到。这一条代表你观察的艺术。

人的经历不同，年龄不同，个性不同，在赞美时要突出个性。有特点的赞美比一般化的赞美能收到更好的效果。

针对不同的谈判对手，赞美的话语也应该不同，比如对长者你可以赞美他引以自豪的过去；对年轻人不妨语气稍为夸张地赞扬他的创造才能和开拓精神，并举出几个例子证明他的确前途无量；对于经商的人，可以称赞他头脑灵活，生财有道；对于有地位的干部，可称赞他为国为民，廉洁清正；对于知识分子，可称赞他知识渊博、宁静淡泊……当然这一切要依据事实，不要夸之过火，让人起鸡皮疙瘩，反而产生反感。赞美别人，首要的一点是要发自内心，让别人切实感受到你的诚意。态度尤其要真诚，在赞扬别人时要与对方有目光的交流，如果东张西望，就会给人以心不在焉、虚情假意的感觉；赞扬的话要实在，如果你的谈判对手是一个长相一般的女孩，你却对她说："你真是美若天仙"，往往会弄巧成拙。

赞美他人必须出自真诚。有些人知道赞美对于与他人和睦相处有很好的作用，于是和他人相处时，不管是否值得赞美的事，一开口就是一大堆风马牛不相及的夸赞之词。这种赞美只是一种客套话，没有一点真诚的痕迹，让人听后反而觉得浑身不自在。这种言不由衷的赞美不但得不到他人的认同，还会让人觉得虚伪，增加对你的戒备心理。谈判双方多为初次见面，而且有非常显著成绩的人并不多见，所以在赞美人时应从具体事件或者事物入手，善于发现对方哪怕是微小的长处，并不失时机地加以赞美。赞美用语越具体越说明你对他长处的看重，让对方感到你的真挚、亲切和可信，你们之间的距离就会越来越近，从而可以淡化谈判中的敌对情绪。如果你只是含糊其词地赞美对方，会让对方觉得你是虚情假意的，反而产生不好的效果。

一位男士跟一位女士初次见面，由于当时没有合适的话题，就顺便说了一句“你佩戴的这个坠子很少见，非常特别。”企图以此掩饰当时的尴尬。出人意料的是，这个坠子确实很特别，只有在巴黎圣母院才能买到，是那位女士的心爱之物。男士的一句话引起了女士有关坠子的种种联想，从此这二人成为了好朋友。

95. 先交朋友，后做生意

做买卖、谈生意，与你打交道的对方不是“抽象代表”，而是人。与客户谈判是人与人的谈判。在谈判中跟对方建立个人交情，确实有助于洽谈生意。真诚关怀谈判对方，把一位陌生人变成与你相知的朋友，不仅有助于谈判顺利进行，还能为你们的长期合作铺平道路，为你今后的事业奠定人脉基础。

美国著名谈判专家费雪·尤瑞明曾经指出：“每位谈判者都有两种利益：实质的利益和关系的利益。”在与客户谈判中，很多谈判者往往会自觉或不自觉地把客户当成对手甚至敌人。这种观点只看到了谈判者与客户关系的第一个方面，而忽视了第二个方面。谈判者必须明白，多数情况下，谈判者与客户之间并不是“一锤子买卖”，赢得朋友的人才能实现生意的持续兴旺。因此，谈判者在与客户打交道的过程中必须牢记：合作是谈判永恒的主题，先交朋友，后做生意。

著名的 IT 界巨头美国 IBM 公司，参与客户交易时就遵循着这一原则，常常取得令人意想不到的效果。一次，IBM 公司同一家银行做一笔计算机生意。双方为价格争执不下，银行拿另一家公司来挤兑 IBM 公司。在关键时刻，IBM 公司的业务经理向银行的负责人问道：“阁下，你是想和一个硬件商人做生意？还是想寻找一个合作伙伴？”对方旋即明白了他的意思，立即说：“我想找个合作伙伴。”“那么，和你的新伙伴握手吧。”随后，两只大手握在一起，生意就此成交了。在商务谈判中，最重要的应明确双方不是对手、敌手，而是朋友、合作的对象。理想的商务谈判不能简单地看成是利益争夺的过程，而是一个双方互相沟通、交流、寻求共同发展的过程。

96. 学会给客户面子

中国人历来好面子。在谈判当中，假若你小心翼翼维护对方面子的行为为你换来一张百万订单，那么说“面子值千金”并不夸张！看一看，面子的力量有多么大，价值有多么高！

千万不要用贬低对方的面子来满足个人的胜利，以致失掉了整个谈判——这种得与失，一个小孩都可以计算出来。俗话说得好：“人要脸，树要皮。”在谈判中，保全面子是一项严肃的重大任务。

保全面子对每个人来说就是对其自身价值的证实，而自身价值又是通过他人来参照和体现的。

当一个人的面子受到威胁时，他就会变得不够友善。有些人会攻击，有些人会逃走，有些人变得冷漠，他们都生气了。实验表明，人们一旦有机会就会报复那些对他们进行人身攻击的人。丢了面子的人是不惜任何代价要使他们的敌人痛苦的。

研究表明，一个脸面受到威胁的人会退缩。攻击越刻薄，想保全面子的人越不愿交流。当一个人在朋友或对他十分重要的人面前受辱时，丢面子的后果就更为严重。

因此，在谈判中，让你的谈判对手保全面子，这是多么重要呀！而事实上却很少有人想到这一点。很多人总是残酷地抹杀别人的感觉，又自以为是，我们在其他人面前批评一个小孩子或员工，找差错，威胁，甚至不去考虑是否伤害到别人的自尊，然而，一两分钟的思考，一两句体谅的话，就可以减少对别人的伤害。

谈判者在谈判时决不能把对方置于死地。尤其在谈判者处于绝对优势、胜利在望的情况下，更要注意这一点。不懂得谈判的谈判者则往往在这种没有必要的时候穷追猛打。

当知道自己已经获胜的时候要停止追击，还应该给客户一个下台的台阶。如果不给客户留下一条生路，那么可以说这个谈判是不成功的。即使这次谈判你暂时领先，也不会持续到下次。一般来说，客户受到严重的伤害以后不会再与你共事。

谈判者谈判也不能把对方逼得太狠，应当悠着劲儿照顾对方一点儿，让他回到公司里好有个交代。一来二去搞好关系，他就能够逐渐成为合作伙伴。

此外，还需注意的是，在争论的过程中，谁都会有感觉对方的意见是正确的那一瞬间。或许这正是某一方将要获胜的时刻。

心里想着客户是正确的和嘴上改变自己的意见，这两者之间存在一道鸿沟。人们在争论时，为了保全自己的面子和自尊，面对对方一直主张的反对意见，不会轻易承认它是正确的。即使理论上接受，也希望在改变自己的意见时采取一种适当的方式。

所以，当估计自己的意见将被采纳的时候，应当给客户一个机会，让他在没有屈辱感的情况下改变自己的主意。那种被胜利冲昏头脑，想让对方当场屈服的做法，有损于对方的自尊，谈判有可能在意料不到的地方出现问题。倘若无论怎么软磨硬泡，也难以使其当场改变自己的主意，不如用缓期执行的办法，劝他慢慢地考虑一个晚上，自己也再想一想。第二天，当你问到昨天的事考虑得怎样时，他会很容易地接受下来并告诉你："经过我再三考虑，认为你的意见是正确的。"把结果归结于不是被你说服的，而是自己决定的。对方的面子也得以维系。

97.别想占尽便宜

积极解决问题的障碍之一，就是误以为彼此所要求的利益是固定的，认为对方所得愈少，你得到的就愈多。然而，实际情形并非如此。因为，如果谈判结果不理想的话，将来双方的情况比现在更糟。

除了都想避免"各有损失"的共同心理外，大多数情况下，彼此都希望"各有所获"，并能维护共同利益的存在。有时必须制定维护双方友好关系的方案，有时却必须采取维护双方关系的方案，有时必须采取双方互利的新方案，只有这样才能使双方当事人都感到满足。

有人认为谈判的目的就是想方设法占对方的便宜，这种想法不能说错，但有点过分。有的人更进一步，不但要占便宜，而且要占尽便宜，自己的那份当仁不让，对手的那一份也要占为己有。这种行为，已经近于霸道。

事实上，占尽便宜几乎是不可能的，而且很容易触怒对手。如果抱着这样的目的去谈判，除非对方是逆来顺受的小羊羔，否则不可能成功。

总之一句话：别想占尽便宜，要和对手分享利益。

一场谈判所面临的基本问题并不在于双方在桌面上的冲突，而是需要、渴望乃至恐惧、担心等等所产生的行为冲动，这种冲动便可标为利益。

所以，人们真正追逐的是利益。在谈判中，人们是受利益驱使的。你的谈判阵地就是你实现利益的立足之所，只有分析双方的利益才能对问题有所帮助。

抓住谈判问题的要害，即利益分配，就容易达成共识了。有时正是因为利益上的不完全一致，才使协议成为可能。拿鞋店老板和顾客而言，老板对钱的兴趣高于鞋，而顾客则相反。因此他们做成了买卖。

共同利益与不同但可协调的利益是明智协议的基础。那怎样才能做到这一点呢？一般而言，我们很容易把握谈判阵地，因为它看得见摸得着，而利益却可能不好表达，无法触摸。怎样认清谈判所涉及的利益呢？

（1）一个基本的方法是亲自穿一下对方提供的鞋，分析一下对方占据的每一个阵地。其目的是弄清对方的需求、希望，以及担心什么。

（2）认清对方利益的另一个重要方法是找到那些对方本应做出却放弃了的决定，这些决定可能是有利于你的。问问自己对方为什么会放弃这个决定，有什么对他们不利吗？如果你想改变对方的主意，就要从了解他们现在的想法做起。

在许多谈判中，我们倾向于认为金钱是唯一的利益所在。但即使有关金钱的谈判，往往也涉及更多的东西。别想占尽便宜，留一点给对手。

98. 学会在恰当的时候做出适当的让步

一个高明的谈判者，除了知道何时该抓住利益外，还要知道何时放弃利益。只有懂得让步的谈判者才能获得长远的最大利益。

学会让步，技巧比形式重要。

（1）选择让步的时机和时间效果。让步要让在刀刃上，要让得恰到好处，使自己的较小让步给对方带来较大的满足，以求获得较大的回报。

（2）自己的让步要同步于对方的让步。让步要尽量避免无谓的让步，要用自己让步的承诺来谋求对方也同样做出让步。

（3）在重要的关键的问题上，要力争使对方先做出让步，以增加与对方讨价还价的力量。

（4）不要承诺做同等程度的让步。

（5）一次让步的幅度不宜过大，节奏也不宜过快。

（6）如果做出的让步欠周到，要及早收回，不要犹豫。

（7）必须反复明确让步的目的。让步不是目的，而只是实现目的的一种手段。

（8）在接受对方让步时要心安理得，不要有负疚感，如果马上考虑是否做出什么让步给予回报，你争取的让步也就没什么意义了。

让步的具体形式很多，在实际运用中，要根据对方的反应，灵活地运用，切忌一成不变地固守一种模式。

（1）开价较低的买主，通常也能以较低的价格买入。

（2）如果买主一次就做大笔金额的让步，会因此引起卖主对价格的坚持。所以买主在让步时必须步步为营。

（3）愿意以较低价格出售的卖主，通常就会以较低的价格卖出。

（4）一次只做出少许让步的人，结果也较有利。

（5）在重要问题上先让步的人，结果也较有利。

（6）如果把自己的预算告诉对方，往往能够促使对方快速地做出决定或协定。

（7）太快地完成交易，对于谈判的任何一方都不利。

（8）一次就做较大让步的人，通常都会失败。让步对谈判双方来说都是一个慎重的问题，每一次让步都可能给对方某种好处，相应地，每次让步也都可能损失自己的某种利益。因此，让步之前，一定要慎重考虑前因后果，要求对方让步时，也应考虑自己为此可能付出的代价。

谈判专家麦科马克认为：如果你想做出一个丝毫无损的让步，你只要注意倾听他的说话，倾听就是你能做的一个最省钱的让步。例如，日本一家公司与美国某公司进行许可证贸易谈判，谈判之初，美方代表滔滔不绝地向日方介绍情况，日方代表一言不发，认真倾听，埋头记录。当美方代表讲完后，征求日方代表的意见，日方代表却表示“听不明白”，只是要求“回去研究一下”。几个星期以后，在第二轮谈判现场，此时的日本代表仍是埋头记录，还是以“不明白”为由使谈判不得不暂时休会。到了第三轮谈判，日本代表团故伎重演。转眼半年过去了，正当美国代表团得不到日方任何回音而埋怨日方没有诚意时，日方突然派来了一个董事长亲自率领的代表团飞抵美国，在美国毫无准备的情况下要求立即谈判，并抛出最后方案，催逼美国人讨论全部细节。准备不充分的美方代表终于同日本人达成了一个明显有利于日方的协议。维克多·金姆《大胆下注》一书中说得好：“你应该少说为妙。我确信，如果你说得愈少，而对方说得愈多，那么你在谈判中就愈容易成功。”

99. 学会在谈判中察言观色和解读对方身体语言

为了了解对方的意愿和需要，不仅要注意聆听对方的言辞，而且要注意观察对方的举止。例如，在一次气氛友好的会谈中，要是突然有人往椅背上一靠，粗鲁地叉起双臂，你马上会意识到，麻烦发生了。举止非常重要，它传达着许多微妙的意思，有着种种心理上的含义和暗示。要注意观察对方的举止，从中发现其思路，掌握谈判的脉络。

“举止”一词就其广泛的意义而言，不只是指一般的身体动作。咳嗽、脸部表情、手势、眨眼等等，也能为你提供无言的信息。

从脸部表情上看，脸红面部肌肉绷紧、烦躁不安、过分专注、强笑、冷笑，或者只是默默地凝视，所有这些都反映出他的情绪紧张。当然，我们有时也会碰到那种毫无表情的“扑克面孔”。这种极其缺乏表情的神态告诉我们，此人一点也不愿意让别人知道他的感情。然而尽管有这张假面具，我们还是可以千方百计地觉察到他的意图。

眨眼，是一种使眼睛湿润、排除落入眼内的细小灰尘的保护性反应。然而研究表明，人们在发怒或激动的时候，眨眼的频率就会提高，正常的眨眼几乎不为人所觉察，但在它成为一种特别的举动时，频繁而急速的眨眼就会引起我们的注意。人们发现，这种反常的举止，总是和内疚或恐惧的情感有关。眨眼常被用作一种掩饰的手段，

手势，当然可以有意识地代替语言，特别是在不允许用语言表达或语言本身不能表达的时候，更是如此。例如，律师想在陪审团面前表示对法官的异议，士兵想对顶头上司表明自己有不同的意见。但是，手势的表达有时过于外露。它们泄露的内容，也许会超出当事人本身要表达的意思。

警察们声称，他们能在聚会中根据大家的手势对某人流露出极度的尊敬，找出这伙人的头领。

咳嗽，常常也有其含义。有时它是紧张不安的表现，谈判人借此稳定情绪，以使自己能继续讲下去；有时，它被用来掩饰谎话；有时，倘若有人自吹自擂，狂妄自负，听的人会以此来表示怀疑或惊讶。

总之，老练的谈判家始终不会让对方逃过自己的眼睛和耳朵。如果你充分注意小的姿势和举动带来的信息，你在谈判中获得成功的可能性也就越大。如果对方采用一项相关的策略，你就要认真解读并采取对策，这样就能增加获得谈判成功的机会。只有善于解读身体语言并充分利用它的人，才能成为一名老练的谈判者。

100. 谈判中如何与客户求同存异

任何一次谈判，只要谈判各方能坐到一起，就意味着有共同的利益可言。在谈判中，表面上可能是表现为双方一系列观点的争论，但实际上，谈判的实质性问题并不在各方冲突的观点上，而在于各方的需要、愿望，及所关心和忧虑的利益上。因此，我们需要把谈判者和谈判的问题分开，把精力集中于对方提出的条件所表明的真正利益上，然后去找到一种既可满足对方利益又符合我方利益的解决方法。这种为达成协议而寻求谈判各方的共同利益的谈判方式，称为寻求共同利益法。在经济谈判中，如果交易双方不是努力地去寻找共同利益，而只是为了单方面利益的实现与另一方讨价还价，那么，谈判将会一事无成。相反，如果交易双方能为对方的利益着想，多从共同利益出发，那么，谈判就会极富效率地达成协议，并在此基础上开拓出更为广泛的合作领域。

当客户提出对你不利的方案时，对他自身利益的达到也不一定有利。这里，应站在客户的角度，从客户的利益出发，实事求是地正视现实，客观地寻求共同利益，力求提供更好的解决问题的办法。这就会赢得客户的信任，双方容易迅速达成共识。把谈判作为一种为谋求一致而进行的协商活动，参与谈判的各方一定蕴藏着利益上的一致和分歧。因此，为了实现谈判目标，谈判者还应遵循求同存异的原则：对于一致之处，达成共同协议；对于一时不能弥合的分歧，允许将意见保留。

为了很好地遵守这一原则，谈判大师们总结了如下几个方面：

首先，要正确对待谈判各方的需求和利益上的分歧。要记住，谈判的目的不是扩大矛盾，而是缩小分歧，使各方成为谋求共同利益、解决分歧的伙伴关系。

其次，要把谈判的重点放在探求各自的利益上，而不是放在对立的立场观点上。任何从对立的立场出发的强硬做法都是没有什么好结果的。只有将谈判重点放在探求各自的利益上，通过利益的揭示，才能调和矛盾，达成协议。

最后，要在利益分歧中寻求相互补充的利益契合点，达成能满足各方需求的协议。表面上看，参与谈判的各方，其需求、利益、价值观的不同会带来谈判的阻力。但事实上并非如此，正是由于利益需求上存在分歧，才使得各方可能在利益需求上相互补充、满足，此所谓谈判各方的互补效应和契合利益。

在谈判中，双方应该一起努力扩大双方的共同利益，然后再讨论和确定各自分享的比例。这也就是我们常说的蛋糕理论。有些人在一开始谈判时就急于拿起刀去切蛋糕，以为这个蛋糕就这么大，先下手为强。认为对方多得一点，就意味着自己得到的会少一点，于是，在蛋糕的切法上大伤脑筋。

其实商务谈判的成功与否在很大程度上取决于能不能“把蛋糕做大”，这叫以通过双方的努力来降低成本和减少风险，使双方的共同利益得到真正的增长，这将使双方都有利可图。项目越大、越复杂，“把蛋糕做大”的可能性也就越大。我们可以从另一个角度来看扩大双方的整体利益。现实中的总体利益是客观存在的，而发掘这些现实的潜在利益却需要双方的合作精神和高超的技艺。

101. 精诚所至，金石为开

开诚布公，抱着“精诚所至，金石为开”的信念进行谈判是近年来很多谈判专家日渐重视和推崇的一种策略。其方法是：谈判者在洽谈过程中应坚持真诚、坦率的态度，向对方坦露自己的真实思想和需求，这样往往能更显得自己信任对方，真诚合作的良好态度，从而促使对方乐于与自己在诚恳、坦率的气氛下友好协商，通力合作，有效地达到互惠互利的目的。

对待这种似乎称不上策略的策略，也许有的人不以为然，甚至嗤之以鼻。当然，这也不奇怪，因为商业交往中常有心怀叵测、贪得无厌、见利忘义的狡诈之徒，对这些人当然不能运用这种开诚布公法。但对一些长期合作、信誉昭著的老客户，此种真诚态度是必须的，可以减少不必要的纠缠，增进双方的信任与交情，为日后的进一步合作增厚根基。

在与客户谈判中，谈判者应该坦诚以对，而不能做滔滔不绝的大忽悠，应该相信精诚所至，金石为开。当然并不是说谈判者要放弃任何策略，毫无保留地向对方吐露己方的全部情况。实际上，完全把自己暴露给对方是不可能的。因为我们既无此高超的表达能力，也不可能诚实到把自己的全部情况告诉对方的地步。人们总有一些不愿意和不可能全部告诉别人的事情。

有些人认为，在谈判过程中，毫无保留无异于“自杀”。事实却不是如此，这离“自杀”还远着呢！

有的谈判人员的性格特别直爽和坦率。他们不但有与对方达成协议的能力，还能够不断地为对方提供情况，提出建设性意见。这种性格很值得奖励，它能使对方与我方积极配合。

如果能够把坦诚以对的心态和“达成协议”的其他技巧联系起来使用，并使其发挥作用，这对双方都是有利的。

怀着一颗坦诚的心，对于客户谈判时的各种困难做充分的估计，并恰当运用各种技巧，就能在最大程度上赢得谈判，为您的生意带来滚滚财源。

致　谢

本书是笔者在多年的探索和总结的基础上重新整理和更新的。本书关注的是一个实践性的命题，因此在编写风格上本书特别注重实用性和可操作性，密切针对第一线的市场人员。本书权且是抛砖引玉，相信广大读者在阅读以后一定会结合自己的实践进一步思考和总结，对相关问题一定会有更深的体会和更高明的认识。在本书编撰过程中，许多朋友给予了大量的帮助和支持，尤其是夏胜科、胡茂良、邹福盛、夏科文、吴火平、谷长红、崔爱廷等同志给予直接支持，因此本书也可以说是集体智慧的结晶。在此向大家致以深深的谢意！

编　者

2017 年秋